Das Wesentliche ist hinter den Worten. Es ist das, was sie wahrnimmt.

Josef Ponweiser

Wolkenschlösser

Märchenhafte Philosophiegeschichten

Autor:

Josef Ponweiser wurde im Februar 1950 als erstes von sieben Kindern geboren und verbrachte die Kindheit und Jugendzeit, in der er sich bereits an Kurzgeschichten und Romanen versuchte, in der Landwirtschaft seiner Eltern in der Buckligen Welt in Niederösterreich. Mit 19 Jahren trat er zur Bundesgendarmerie ein, verbrachte in diesem Rahmen fast zwei Jahrzehnte im Innenministerium in Wien und trat 2010 in den Ruhestand, mit dem er in seine frühere Heimat zurückkehrte. Hier verfasste er nach „Die Hüter des Schatzes" sein nunmehr zweites Buch.

Impressum

Bibliografische Information der Deutschen Nationalbibliothek: Die Deutsche Nationalbibliothek verzeichnet diese Publikation in der Deutschen Nationalbibliografie; detaillierte bibliografische Daten sind im Internet über http://dnb.dnb.de abrufbar.

© 2021 Josef Ponweiser

Umschlagbild: Renate Trimmel

Herstellung und Verlag: BoD – Books on Demand, Norderstedt

ISBN: 978-3-753461335

Teil 1

Das Wolkenschloss

Vorgeschichte

Ein Kindheitssommer. Ich war damals ein acht- oder neunjähriger Bub. Wichtiger, als mir die Jahreszahl zu merken, war mir, dass sich die Tage bis zu diesem kommenden Sonntag nicht so endlos dehnen sollten. Denn für diesen Sonntag war Besuch aus Wien auf unserem Bauernhof angekündigt. Es war höchstens zwei Mal im Jahr der Fall, dass ein bekanntes Ehepaar mit seiner zu dieser Zeit etwa elfjährigen Tochter einen Ausflug zu uns aufs Land unternahm, um sich hier mit für mich selbstverständlichen Produkten, wie selbstgemachter Butter und von meiner Mutter gebackenem Brot, einzudecken. Ich konnte mir nicht vorstellen, warum das als Besonderheit galt. Diese Leute kamen doch aus der Großstadt, wo sie alles hatten, was für mich tatsächlich Besonderheiten waren. Dazu zählte auch das kleine Auto, mit dem sie kamen. Gegen Ende der 50er-Jahre des vergangenen Jahrhunderts war das noch nicht selbstverständlich. Heute weiß ich, dass es damals das Schlagwort vom Wirtschaftswunder gab. Ein Land hatte sich aus den Trümmern des 2. Weltkrieges emporgearbeitet, war nicht mehr besetzt und genoss die zunehmenden Annehmlichkeiten, die man sich leisten konnte. Das schien aber nur in der Stadt der Fall zu sein. Bei uns zu Hause gab es Bananen und Pfirsiche nur, wenn dieser Besuch ankam. Doch das war nicht der einzige Grund, warum die Zeit bis dahin so quälend lange war. Das Mädchen in dieser Familie war offenbar eine Leseratte, und ich Bub vom Land war auch eine. Für mich fielen die nicht mehr ganz aktuellen Exemplare von mehreren verschiedenen Kinderzeitschriften ab, die entweder abonniert waren oder regelmäßig gekauft wurden. Sie wurden gleich stoßweise mitgebracht und lösten bei meinen Eltern gemischte Gefühle aus. Erstens war ich nicht der Ordentlichste. Damit war die schöne Ordnung der gesammelten Serien nicht nur in sich bald dahin, sondern sie blieben auch dort liegen, wo sie nicht hingehörten. Zweitens konnte ich darinnen versinken und war für meine Umwelt, die mir diverse Beiträge für Haushalt und Landwirtschaft abverlangte, dann unerreichbar. Drittens war mancher Inhalt dieser Zeitschriften für meine Eltern suspekt. Schließlich waren darunter auch Hefte mit der Mickey-Maus und sonstigen Comicstrip-Helden von Walt Disney. Die Abneigung gegenüber den so amerikanischen Lautmalereien in den bunten Bildern und den angeblich verdummenden Sprechblasentexten plagte aber nur meine Eltern. Für mich war die zu erwartende Lieferung an neuem Lesestoff der Hauptgrund, die Tage bis dahin zu zählen.

Endlich war es so weit. Wieder waren es ganz Stöße von Heften und Zeitschriften, die sich seit dem letzten Besuch für die Weitergabe angesammelt hatten. Ich schwelgte darinnen. Trotzdem weiß ich nicht mehr, wie die Zeitschriften alle hießen. Nur eine brannte sich in meinem Gehirn ein. Es war ein Heft von Walt Disney mit einem Abenteuer von Dumbo, dem fliegenden kleinen Elefanten, darinnen. Die Handlung war wahrscheinlich auch schon damals so unbedeutend, wie ich sie heute einstufe, und wäre darinnen nicht eben dieses Schloss in den Wolken vorgekommen, hätte ich insgesamt vergessen, was mich damals so fieberhaft warten ließ.

Dieses Schloss aber ließ mich nicht mehr los. Es bestand aus weißen Wolken hoch droben in einem blauen Himmel. Sie bildeten eine breite geschwungene Treppe, die zu einem Tor hinaufführte, und dieses Tor führte in den ebenfalls aus Wolken geformten Gebäudekomplex aus Türmen, Mauern und Dächern. In der Geschichte war dieses Wolkenschloss real und bildete den Rahmen für die Erlebnisse, die der kleine Dumbo davor und darinnen zu bestehen hatte. Wer die verschiedenen, sich in der Art irgendwie gleichenden Fantasieschlösser in den diversen Disney-Produkten kennt, hat auch eine Vorstellung davon, welches Gebilde hier aus Wolken zusammengesetzt war.

Wahrscheinlich waren nur die Wolken das Besondere daran. Sie kannte ich zwar, aber nicht in dieser Kombination. Beim Kühehüten sah ich ihnen zu, wie sie in den verschiedensten Formen über den Himmel zogen. Am liebsten hatte ich diese runden, bauchigen, klar gegen den blauen Himmel abgegrenzten. Aus ihnen war auch das Schloss gezeichnet. Sie bewegten sich in der Natur meistens nur langsam und veränderten bei längerer Betrachtung allmählich doch ihre Form. Beim Hinaufsehen konnte ich mitverfolgen, wie sich freundliche oder böse Gesichter bildeten, sich gefährliche Drachen in harmlose Tiere oder umgekehrt verwandelten oder sich sonst vertraute und auch unvertraute Formen fantasiereich hineininterpretieren ließen.

Ein solches Schloss wie in dem Comicstrip-Heft hatte ich noch nie in den Wolken gesehen, aber ab jetzt war die Idee da, dass es das geben konnte. Dazu musste ich gar nicht warten, was mir der Himmel bot. Es reichte, die Augen zu schließen und mir dieses Bild aus dem Comicstrip-Heft ins Gedächtnis zu rufen. Dann war es wieder da, und noch dazu wandlungsfähig wie die echten Wolken. Es konnte noch höher aufragen und auch weitläufiger werden als ein riesiger Gewitterturm, der sich an manchen Tagen tatsächlich aufbaute, und mitunter auch zarter oder sehr massiv mit den natürlichen Farben und Gegebenheiten der Natur darinnen. Je öfter ich mit der Gestaltung spielte, umso mehr begriff ich, dass ich mir mit und in diesem Schloss alles schaffen konnte, was ich sonst im Leben zu wenig oder gar nicht hatte. Nur eines konnte mir auch dieses Schloss nicht bieten: alle Zeit, die ich gebraucht hätte, um darin zu verweilen.

Es waren meistens die Kühe, die sich um meine Träume in keiner Weise kümmerten und eher ihre eigenen Träume vom zwar nahen, aber verbotenen Klee-, Mais- oder Rübenfeld im sehr beharrlichen Schädel hatten. Während meiner Gedankenausflüge setzten sie mitunter ihre Träume auch in die Realität um und führten zu mancher Rüge insbesondere meines Vaters über meine Unaufmerksamkeit. Darüber hinaus gab es genug andere Aufgaben, zu denen mich die Schule oder eher noch ein Auftrag meiner Eltern nötigte. Immer wieder stellte ich fest, dass mich eine Alltagsverpflichtung von meiner Reise in die Gefilde des Wolkenschlosses viel zu rasch zurückholte oder diese gar nicht erst zuließ. Nachrückende Geschwister und der aufkommende elektrische Weidezaun befreiten mich nur vom Kühehüten. Die Aufgaben in der Schule und im elterlichen Betrieb nahmen zu und schränkten die Gelegenheiten für ein Abdriften in eine gedankliche Wunschwelt noch weiter ein.

Irgendwann war ich erwachsen und zu groß geworden für das Schloss in den Wolken. Ohne dass es mir auffiel, trug es der Wind für lange Zeit jenseits des Horizonts. Obwohl ich immer wieder das Gefühl hatte, dass mir etwas fehlte, kam ich nicht auf die Idee, dass es vielleicht das Wolkenschloss war, das ich noch nicht ausgekostet hatte.

Das kam mir erst vor einiger Zeit ins Bewusstsein. Von all den vielen faszinierenden Zeitschriftenseiten von damals ist nicht eine geblieben. In einer nostalgischen Anwandlung wünschte ich mir manchmal, ich könnte zumindest dieses eine Heft nochmals durchblättern, um herauszufinden, was daran die zauberhafte Erinnerung in mir so lebendig gehalten hat. Allmählich dämmerte mir jedoch, dass nicht das Heft das Ausschlag Gebende war, sondern das ungeträumte Schloss in den Wolken. Es wartete auf mich. Es wartete so lange, bis ich die Zeit fand, es wieder zu besuchen. Ich hingegen musste so lange warten, bis ich begriff, dass ich es bin, der sich diesen Besuch erlauben muss. Hätte ich es nicht getan, bliebe das Nachfolgende ungeschrieben.

Die eigentliche Geschichte

Sie begann so mystisch, wie manche Geschichten anfangen wollen, um verlockend zu sein. Denn ich wusste sofort, dass das Licht, das mich umgab, irgendwie ungewöhnlich und eigentlich unmöglich war. Es war ein milchiges Weiß mit einem gelblichen Schimmer darin, als ginge ich durch einen dichten Nebel, den die Morgen- oder Abendsonne durchstrahlt. Ich war davon zur Gänze umfangen. Kein Gegenstand ließ sich in diesem seltsamen Licht erkennen. Es schien mich sogar zu tragen. Ich konnte darauf dahinschreiten wie auf festem Boden, aber auch unter mir unterschied sich nichts von diesem diffusen nebelhaften Schein um mich. Um mich war nichts, was mir einen Anhaltspunkt bot, wo ich war und wohin ich ging. Eine ruhige Zuversicht ließ mich zügig dahinschreiten, als wüsste etwas in mir, warum ich da war und welches Ziel ich hatte. Ich fühlte mich in einer entspannten Geborgenheit und in einer Art Vorfreude auf etwas, dem ich mich mit jedem Schritt näherte.

Tatsächlich schien sich der Nebel zu lichten. Es war, als würde er vor mir einen Weg freigeben, der mich zu meinem noch unbekannten Ziel führte.

Bald sah ich es. Vor mir lag der Weg, der leicht gewunden in eine plötzlich frei gewordene Wolkenlandschaft führte. Er bestand aus einem dichten Wolkenband und führte leicht ansteigend zu einem Schloss, das aus bauschigen Wolken gebildet wurde. Alles daran war aus Wolken geformt: die Mauern, die Dächer und die breite geschwungene Stiege zum Eingangsportal hinauf. Dahinter prangte ein tiefblauer Himmel, vor dem noch ein paar andere Wolken nach der Art des Schlosses, aber in ihren üblichen freien Formen, standen.

Irgendwie kannte ich dieses Bild. Ich hatte es schon einmal gesehen. Darum war ich auch gar nicht so sehr überrascht über sein Auftauchen, sondern eher über die Selbstverständlichkeit, mit der ich auf dem weißgrauen Wolkenweg darauf zuschritt.

Im Näherkommen erkannte ich eine Gestalt. Sie saß oben auf der Stiege vor dem Schlossportal. Während ich diese Stiege hinaufging, merkte ich erst, was für eine komische Gestalt es war. Es war ein kleiner grauer Elefant mit riesigen Ohren und einem lustigen Gesicht. Er sah mir entgegen, als hätte er hier auf mich gewartet.

„Dumbo?" fragte ich erstaunt, als ich oben bei ihm war.

Er schüttelte den Kopf, dass die Ohren ein wenig flatterten. „Nein. Den gab es damals in dem Heft von Walt

Disney. Aber wir sind hier nicht in einem Comicstrip-Heft, sondern du träumst mich. Das macht mich eigenständig."

„Aber wer bist du dann, wenn du nicht Dumbo bist?"

„Eine Assoziation in deinem Kopf. Ein eigenständiges Gebilde. Du nennst mich nur der Einfachheit halber nach einem vertrauten Begriff, weil du sonst gar keinen Namen für mich hättest."

„Aber wer bist du dann wirklich? Und warum siehst du trotzdem aus wie Dumbo?" forschte ich weiter.

„Wer ich wirklich bin?", fragte der kleine Elefant zurück und setzte fort: „Das ist wahrscheinlich die schwierigste Frage, die du mir stellen kannst. Aber wahrscheinlich meintest du ohnedies nur meinen Namen. Ich habe bisher keinen. Ich passe mich einfach deinen Vorstellungen an. Nur darum sehe ich aus wie dieser Dumbo aus dem Comicstrip-Heft von damals. Diesem empfindest du die ganze Situation hier nach, weil es dich auf die Idee gebracht hat."

Ich sah mich um. Hinter mir verlor sich der zum Schloss heraufführende Weg in dem lichtdurchfluteten Nebel, durch den ich gekommen war. Erst allmählich wurde mir bewusst, wie grotesk die Umgebung war, in der ich mich befand. Ich stand vor einem Gebäude, das aussah, als sei es aus Wolken zusammengesetzt und dennoch wirkte es so fest wie der Stein, aus dem eine Stiege wie die unter mir ansonsten gefertigt war. Der kleine Elefant vor mir saß wie ein Hündchen auf der Kante der Stiegenplattform vor dem Schlosseingang und ich hatte ihn angesprochen, ohne dass

Zweifel aufkamen, ob dies bei einer ursprünglich mit dem Zeichenstift entstandenen Comicfigur überhaupt sinnvoll sein konnte.

„Ja, wundere dich nur", plauderte Dumbo der Zweite in meine Gedanken, „aber ich bin keine Geschichte in einem Comicstrip-Heft. Ich bin echt. Keine Kopie, auch wenn du mich so siehst. Ein Original in einer neuen Geschichte. In deiner."

Spätestens jetzt war ich wirklich verwundert. „Was meinst du damit? Ich habe keine Ahnung, wo ich hier bin! Wie soll das meine Geschichte sein?"

„Jede Geschichte gehört dem, in dessen Kopf sie entsteht", belehrte mich der kleine Elefant mit den großen Ohren. „Damals beim Kühehüten hast du dir doch auch deine Geschichten im Kopf zusammengebastelt. Du bist dabei bloß nicht eingeschlafen wie jetzt. Außerdem hattest du als Kind noch weniger Schwierigkeiten, deine Fantasie ernst zu nehmen. Seither hat es dir dein Verstand zunehmend verboten. Wirklich zufrieden warst du nicht damit. Es ist etwas offengeblieben. Nun hast du die Möglichkeit, es nachzuholen."

„Aha", sagte ich nur. Der Kleine sprach von etwas, das ich irgendwie immer gespürt hatte und trotzdem nicht benennen konnte. Während ich noch versuchte, meine Gedanken zu ordnen, setzte er auf seine altkluge Art fort: „Zerbrich dir nicht den Kopf darüber. Alles wird klarer werden, wenn wir weitergehen."

Er erhob sich und wandte sich zum Eingangstor. Seine pummelige Gestalt reichte mir kaum bis zur Hüfte und seine Bewegungen wirkten etwas tollpatschig, aber quirlig. Die Ohren reichten fast bis zum Boden. Ich hatte den Eindruck, als müsste er ständig darauf achten, nicht auf sie draufzusteigen. Als er mit dem Rüssel schon die Klinke des großen Eingangstürflügels niederdrücken wollte, hielt er inne.

„Da ist noch eine Kleinigkeit mit meinem Namen. Dumbo will und kann ich nicht sein. Der war nur eine Art Überbrückungshilfe, damit du dich schneller zurechtfindest. Ich habe aber eine andere Aufgabe als bloßen Unterhaltungswert für dich und hätte nun doch lieber einen eigenen Namen."

„Gerne", lenkte ich ein, „wie willst du denn genannt sein?"

„Nenne mich Dumba. Ich glaube nämlich, ich wäre eher ein Mädchen, wenn ich überhaupt ein Geschlecht hätte."

„Oh, entschuldige", murmelte ich verlegen. „Ich war so sehr auf Dumbo eingestellt, dass ich darauf gar nicht geachtet habe …"

Das Versehen war mir peinlich, und ich merkte erst jetzt, dass Dumba nichts an sich hatte, aus dem sich ein eindeutiges Geschlechtsmerkmal abgeleitet hätte.

„Keine Ursache", beruhigte mich das wie mit dem Zeichenstift entstandene Wesen, das dennoch sehr lebendig aussah, „bei Comicstrip-Figuren nach meiner Art reicht ja meistens schon der Name und ihre Rolle in der Geschichte, um eine Art Geschlecht festzulegen. Genau darum bin ich Dumba. Weder weiblich noch männlich im herkömmlichen Sinn, aber vielleicht weniger burschikos als der dir bekannte Dumbo. Ich halte mich für sanfter, femininer, darum meine Vorliebe für die weibliche Namensform." Dumba betätigte nun die Türklinke vollends. Der Türflügel sprang einen Spalt breit nach innen auf und die Neugier, was sich zeigen würde, lenkte mich von meiner Verlegenheit etwas ab. Dumba wirkte in keiner Weise beleidigt und sah mich lächelnd an: „Weißt du noch, dass du in deinen Kindheitsträumen manchmal lieber Mädchen als Spielgefährtinnen hattest? Zumindest die, die irgendwie mehr in sich selbst zu ruhen schienen als du selbst. Genau diese Qualität stelle ich für dich dar. Wir fangen da an, was du dir damals am deutlichsten vorgestellt hast."

Dumba drückte den Türflügel nun ganz auf und ich sah in einen langen Gang. An seinem Ende befand sich eine große Tür mit einem kunstvollen Einsatz aus altertümlichem Glas. Eine Art goldenes Licht drang herein, als stünde die untergehende Sonne dort draußen, und füllte den ganzen Gang mit einem heimeligen, warmen Schein. Links und rechts führten hohe Türen, wie sie in einem Schloss üblich sind, in offenbar weitere Räume. Etwa in der Mitte hatte der Gang eine Abzweigung nach rechts.

„Willkommen in deinem Spielbereich", sagte Dumba. „Du kannst jetzt vorausgehen und dich bis zum Seitengang hier umsehen. Dort führe ich dich weiter." Während sie nach der Tür zur Seite trat, machte sie eine einladende

Bewegung mit dem Rüssel zu den vier Türen hin, die in dem Gangabschnitt zu sehen waren.

Ich trat nun ebenfalls über die Türschwelle und machte mich staunend mit der Atmosphäre vertraut. Alles wirkte alt und ehrwürdig. Ein Geruch nach Bienenwachs lag in der Luft. So hatte es oft in meiner kleinen Volksschule gerochen, wo sich der im gleichen Gebäude wohnhafte Herr Direktor in seiner Freizeit neben der Jägerei auch der Imkerei widmete. Hier schien der Duft aber eher von einem frisch polierten Holzboden zu stammen. Der Gangboden bestand aber aus matt glänzenden Marmorplatten, und dass das Schloss von außen nur nach einem Wolkengebilde ausgesehen hatte, schien nun überhaupt nicht mehr zuzutreffen. Alles wirkte massiv und real. Nur Dumba bewirkte mit ihrem zeichenstifthaften Erscheinungsbild, den lustigen Augen und den überlangen Ohren, dass mir der Unterschied zu meiner Alltagswirklichkeit noch immer bewusst war.

Der beruhigende und Vertrauen erweckende Eindruck meiner neuen Umgebung veranlasste mich, an die erste Tür auf der linken Gangseite heranzutreten. Die goldfarbene Klinke auf dem braunen Holz gab dem Druck meiner Hand mit einem leisen Quietschen nach und ich schwang die Tür in den Raum hinein auf.

Er war hoch und hell. Zwei Fenster auf der gegenüberliegenden Seite ließen Licht hereinfluten und erlaubten die Aussicht in einen gepflegten Garten. Der Parkettboden aus Eiche glänzte seidig von frischem Wachs. Von ihm stammte der angenehme Geruch, der mir vorhin schon auf dem Gang aufgefallen war. An einer Seite des Raumes befand sich ein riesiges Bücherregal, in dem ein Buchrücken neben dem anderen stand; teils alte, dicke Schmöker, aber auch dünnere Bücher mit modernerem Einband sowie ganze Packen aus Zeitschriften und Comic-Heften. Ein solches Reservoir an Lesestoff hatte ich mir immer gewünscht, und vor allem auch die Zeit, wo ich mich in Ruhe damit beschäftigen konnte. Für anscheinend genau diesen Zweck standen ein massiver Tisch mit einem gemütlichen Ohrensessel und extra noch ein ehrwürdiger Diwan mit einem rotsamtenen Bezug da.

Ich seufzte. Das war wirklich nur ein Traumbild gewesen, denn mir hätte schon gereicht, auch nur beim Kühehüten dahockend ungestört lesen zu können. Im Näherkommen an das Bücherregal sah ich darinnen die Klassiker, die ich damals verschlungen hatte, wie den „Lederstrumpf", „Robinson" und andere Abenteuerbücher, an deren Titel ich mich weniger genau erinnern konnte. Auch Märchenbücher und die anscheinend vollständige Reihe aller Karl-May-Romane, von denen ich später immerhin einen Gutteil geschafft hatte, standen da.

Dumba war bei der Tür stehengeblieben und sah mir zu, wie meine Augen die vielen Buchtitel entlangstreiften. An manche erinnerte ich mich wieder, entweder weil ich das Buch tatsächlich gelesen hatte oder gerne gelesen hätte. Ich wusste nicht, ob es nur Sentimentalität war oder auch ein wenig Bitterkeit, die dabei in mir hochkamen. Hier stand ich vor dem Inbegriff eines meiner Wunschträume als Kind, aber ich war keines mehr.

Der nächste Raum war ein Schlafzimmer. Ein großes Himmelbett mit durchscheinenden Vorhängen stand darinnen. Ich hatte es in einem Märchenbuch gesehen, wo es ein König für sich hatte, und ich hatte mir ausgemalt, wie es denn wäre, ein Königssohn zu sein, auch ein solches Bett zu haben und überhaupt ein eigenes Schlafzimmer, vor dem noch dazu Diener standen. Das hatte es in meiner Kindheit nicht gegeben.

Auch der nächste Raum bot nur den Anblick dessen, was ich als Kind so gerne gehabt hätte. Eine Menge an Spielzeug befand sich darinnen, vor allem sehr viele Lego- und Matador-Bausteine, die damals immer viel früher zu Ende waren als meine Fantasie, was ich damit noch bauen hätte wollen. Ein Schaukelpferd stand in der Ecke; ein wahres Prunkstück, das für meine Eltern sicher unerschwinglich gewesen wäre. In einem Brief an das Christkind hatte ich es mir gewünscht, weil ich das Pferd in verkleinerter Ausführung in einer Auslage gesehen hatte und davon ebenso fasziniert wie dann enttäuscht gewesen war, dass es unter dem Christbaum ausblieb.

Unverwirklicht war auch die Kassette geblieben, die ich mit der Laubsäge basteln wollte. Die Seitenteile und der Deckel sollten aus dünnem Holz bestehen, aus dem ich ein kompliziertes Rankenmuster ausgeschnitten hätte und das mit einem dunkelblauen Samtstoff hinterlegt gewesen wäre. Da standen alle Vorlagen und Materialien, die ich dazu gebraucht hätte, aber damals waren sie nach Ansicht meiner Eltern viel zu teuer, und ich hatte mich damit abgefunden.

Der letzte von den vier Räumen war der größte und fast bis zur Hälfte mit einem dicken Luftpolster ausgelegt. Es gab eine Kinderrutsche, Strickleitern und mehrere Schaukeln. Hier waren alle Voraussetzungen gegeben, um nach Belieben herumtollen zu können. Gerne hätte ich mich mit einigen ausgewählten Mädchen und Buben meiner Klasse hier vergnügt, aber damals musste ich mich auf den Wald oder Bach beschränken, zu denen wir auf dem Heimweg von der Schule manchmal abgezweigt waren. Das Vergnügen währte nur viel zu kurz und war von vornherein schon von schlechtem Gewissen getrübt, weil ich die strikte Vorgabe hatte, Umwege und Verzögerungen zu meiden, um möglichst früh zu Hause wieder verfügbar zu sein.

Draußen vor der Tür sah mir Dumba neugierig entgegen. „Oh, glücklich siehst du aber nicht aus", stellte sie nach kurzem Blick fest. „War es nicht das, was du dir vorgestellt hast?"

„Doch", musste ich zugeben, „es war genau das. Aber was nützt es mir jetzt noch? Ich bin erwachsen. Die Kindheit ist vorbei. Ich kann sie nicht nachholen."

Dumba nickte zustimmend. „Richtig. Musst du auch nicht. Du hattest deine Kindheit trotzdem. Sie hat dir nur nicht das geboten, was du dir gewünscht hast."

Auch ich nickte, aber ich seufzte dabei. „Nein, das hat sie nicht. So drastisch fällt es mir erst jetzt auf, wo ich all die Dinge sehe und mich daran erinnere, was alles unerfüllt geblieben ist."

„Und dass du hier alles vorfindest, was dir bisher nicht erfüllt wurde, ändert nichts daran?" fragte der kleine Elefant vorsichtig.

Diesmal schüttelte ich den Kopf. „Nicht wirklich. Es macht mich höchstens traurig, es so direkt vor den Augen zu haben und dennoch nichts damit anzufangen."

„Aha, du meinst, es sei zu spät. Aber hättest du Gelegenheiten nicht immer schon besser nutzen können?"

Dumba's Frage überraschte mich. „Was meinst du damit?"

„Ich meine damit dein ganzes bisheriges Leben. Immer wieder hast du Dinge erreicht, die du dir gewünscht hast, aber anstatt dich daran zu erfreuen, hast du es kaum bemerkt und nach den nächsten gestrebt. Du hast so gut wie nie geschätzt, was du schon hattest. Auch nicht deine Kindheit in genau der Form, wie du sie erlebt hast, mit dem häufigen Aufenthalt in der Natur und den eigens von dir geschaffenen Freiräumen, die du dir herausgeholt hast."

Ich wollte widersprechen, doch etwas hinderte mich daran. So unrecht hatte Dumba gar nicht. Es gab immer einen Grund, etwas Erreichtes nicht voll ausschöpfen zu können, weil immer noch etwas wartete, auch wenn ich oft keine Vorstellung davon hatte, was es sein könnte.

„Es hat nie gepasst", verteidigte ich mich, weil ich mich betroffen fühlte. „Schließlich hat man Aufgaben im Leben.

Ich habe gelernt, sie immer zuerst zu machen und dann erst für mich Zeit zu haben."

„Ja, du hast es gelernt. Aber du hast nie überprüft, ob es auch richtig ist", wandte Dumba ein. „Auch vorhin kamst du nicht auf die Idee, es zu tun. Hier bist du in deiner eigenen Zeit. Niemand macht dir Vorgaben. Aber du hast die Räume nur kurz betreten und keinen davon ausgekostet."

„Wie denn", war ich verunsichert und immer noch auf Verteidigung eingestellt, „ich wusste doch, dass du hier auf mich wartest."

„Wie denn?", wiederholte Dumba. „Daran liegt es. Du wüsstest auch gar nicht, wie du das machen solltest. Da brauche ich dir gar nicht erst zu erklären, dass ich alle Zeit der Welt habe und warten kann, bis du bereit bist, weiterzugehen. Auch ich habe eine Aufgabe. Sie besteht darin, dich durch das Schloss zu führen, aber du bestimmst die Geschwindigkeit."

„Obwohl ich gar nicht weiß, was auf mich zukommt?" kam es mir etwas kritisch über die Lippen. Die Freude über das indirekte Angebot war davon sogleich überdeckt.

„Ach ja", blieb Dumba gelassen. „Ich hätte es wissen müssen. Du brauchst Sicherheit. Die kann ich dir nicht versprechen. Das hier ist ein Abenteuer, und ohne Unsicherheit ist etwas nie ein Abenteuer. Du kannst jederzeit umkehren. Etwas hast du ja schon gelernt."

„So?" wunderte ich mich. „Was wäre das?"

„Du hast ein Stück mehr von dir erfahren. Wie du funktionierst, ohne dass es dir auffällt. Nun ist es dir zumindest ansatzweise bewusstgeworden. Das ist ein Anfang. Solange du etwas nicht weißt, kannst du es auch nicht ändern. Wenn du es ändern willst, wird dir die Lösung begegnen. Es reicht, wenn du dafür bereit bist. Das Schloss bietet viele Ansätze dazu. Wie ist es nun, magst du dich von mir führen lassen?"

Wir standen beide in dem Gang nahe der Abzweigung in den Seitengang. Das Licht von der anderen Seite des Ganges war weniger golden, eher diffus geworden. Es entsprach meiner Stimmung. Ich war nicht mehr so unbekümmert und neugierig, wie ich gekommen war. Ein Unbehagen, wie ich es schon so oft aus meinem Leben kannte, hatte sich hinzugesellt. Woher es kam, wusste ich nicht. Keinesfalls lag es an Dumba. Die blickte mich so freundlich und offenherzig an, dass ich keinen Grund sah, ihre Führung abzulehnen.

„Gut", entschied ich mich, „dann gehen wir."

Dumba war sichtlich erfreut und wandte sich zum Gehen. „Schön, dass du mich meine Rolle spielen lässt. Ich werde dir Verschiedenes, das mit dir zu tun hat, zeigen. Die Wunschträume deiner Kindheit kennst du noch immer, aber du hältst sie für unerfüllbar. Präge dir ein, dass es die von dir längst abgeschriebenen Räume hier in diesem Schloss immer noch gibt. Wenn du willst, kannst du sie später wieder aufsuchen. Du könntest dabei üben, dich viel mehr auf deine Gefühle einzulassen."

Während sie das sagte, bog sie nach rechts um die Ecke in den Gang, den ich für einen Seitengang gehalten hatte.

Er war aber wesentlich breiter als der, durch den wir gekommen waren, und mündete in ein pompöses Stiegenhaus. Eine Marmortreppe führte hinauf in das nächste Stockwerk. Sie war links und rechts gesäumt von altertümlichen Gemälden, die sehr ehrwürdig dreinblickende alte Männer mit der immer gleichen Krone auf dem Kopf darstellten.

Die Großzügigkeit dieses Bereiches lenkte mich davon ab, nachzufragen, was Dumba mit meinen Gefühlen ansprechen wollte. Sie zuckelte mit ihren kurzen Beinen vor mir her die breite Treppe hinauf und hielt auf der Zwischenplattform inne.

„Ich habe dir noch gar nicht gesagt, dass uns hier keiner wahrnimmt", teilte sie mir relativ leise mit. „Oben stehen die Wachen des Königs."

„Des Königs?", wunderte ich mich. „Welchen Königs?"

„Des Königs dieses Schlosses hier. In den Märchenbüchern deiner Kindheit hatten alle Könige ein Schloss und meistens auch noch eine wunderhübsche Tochter. Die hat der hier nicht. Trotzdem ist das ein richtiges Märchenschloss, das alles bietet, was man sich vorstellen kann. Wir haben den Vorteil, dass wir scheinbar völlig unbeteiligt hier umherspazieren können, auch wenn nichts zufällig ist, was sich ergibt."

„Aber sind wir denn nicht zufällig hier?" wandte ich ein.

„Glaubst du wirklich, dass das zufällig ist?" fragte Dumba zurück. Sie wartete aber keine Antwort ab, sondern ging die Stiege weiter, und ich war viel zu sehr von den Eindrücken um mich in Anspruch genommen, um ihrer Frage auf den Grund gehen zu wollen.

Oben standen wir in einer riesigen Vorhalle. Es war relativ hell hier. Der Boden bestand aus dem matt glänzenden Marmor, aus dem schon die Stiege bestanden hatte. Geradewegs vor uns bildete ein hohes Portal mit zwei geschlossenen Flügeltüren das zentrale Element des Raumes. Ein roter Teppich führte darauf zu. Links und rechts von der Tür standen je ein Mann mit einem geschwungenen Helm, einem Brustpanzer und einer Hellebarde in einer sehr formellen, bewegungslosen Wächterhaltung. Die beiden erinnerten mich mit ihrer äußeren Erscheinung an Bilder von Soldaten aus dem Dreißigjährigen Krieg.

„Wir brauchen uns um sie nicht zu kümmern", sagte Dumba. „Sie bemerken nur die Dinge, die zu ihrer Welt gehören. Darinnen kommen wir nicht vor. Aber wir sind Gäste hier. Darum tun wir gut daran, uns als Gäste zu verhalten."

„Also könnte uns doch jemand etwas antun?", hatte ich sogleich Bedenken, denn so freundlich und einladend sahen die beiden Wachen gar nicht aus.

Dumba wiegte überlegend den Kopf. „Nicht direkt", antwortete sie dann. „Aber alles, was getan wird, hat Folgen. Auch das, was wir tun. Irgendwann fällt es auf uns zurück. Zum Beispiel, wenn wir unsere Unsichtbarkeit missbrauchen würden. Daher steht es uns nicht zu, in den Ablauf der Dinge einzugreifen. An uns liegt es nur, sie zu akzeptieren und gegebenenfalls etwas daraus zu lernen. Auch das hat Folgen."

So schlicht, wie Dumba als Zeichnung aussah, war sie gar nicht. Jedenfalls sagte sie Dinge, die ich nicht ganz verstand. Genaugenommen verstand ich gar nichts an und in diesem Schloss. Ich wollte aber nicht ausschließen, dass mich die weitere Führung schlauer machen würde und beließ es bei dieser Antwort.

Dumba trippelte vor mir auf dem roten Teppich auf das Portal zu, als wären die beiden Wachen gar nicht vorhanden. „Wundere dich jetzt nicht, aber wir sind eben in einem Wolkenschloss", sagte sie wie beiläufig, und noch ehe ich fragen konnte, was sie damit nun wieder meinte, tauchte sie in das Portal ein, als sei dieses nur eine Lichterscheinung ohne feste Substanz. Ihr Körper verschwand darin und schon war sie nicht mehr zu sehen.

Ich hatte argwöhnisch nach links und nach rechts auf die beiden Wachen geblickt, ob sie denn wirklich nicht bemerkten, dass wir zwischen ihnen hindurchgingen. Sie bewegten sich nicht, und nun stand auch ich direkt vor dem einen Portalflügel und tippte zögernd mit einem Finger auf die Türklinke. Er ging widerstandfrei wie durch Nebel hindurch.

„Na komm schon", drängelte Dumba von der anderen Seite, „wenn du erst zu zweifeln beginnst, wirst du sehr rasch Recht bekommen!"

Also wagte ich nun doch den nächsten Schritt und sah mich selbst durch die Tür gleiten, als sei sie eine bloße

Illusion. Dumba war wieder da. Wir standen beide in einem großen Saal mit einem Spitzbogengewölbe wie in einer gotischen Kirche und spärlicher Einrichtung. Der rote Teppich führte hier weiter durch den Raum an die gegenüberliegende Wand, vor der auf einem Podest ein Thron stand. Auf diesem saß ein älterer Mann in einer altertümlichen, aber vornehmen Kleidung mit einer Krone auf dem Kopf. Es war die Krone, mit der offenbar die Ahnen auf den Bildern im Stiegenaufgang dargestellt waren.

„Beim Träumen sind die Dinge von vornherein so, wie wir sie erwarten. Allerdings können sie sich viel schneller ändern als in unserem gewöhnlichen Leben", erklärte mir Dumba. „Wenn du daher daran zweifelst, dass etwas so sein kann wie es ist, dann wird es eben zu dem, was du ihm zugestehst. Darum betrachte das alles hier so, wie du dir einen Film ansiehst. Den kannst du am besten dann genießen, wenn du nicht immer gleich fragst, ob etwas wahr sein kann oder nicht. Einen Fantasy-Film beispielsweise, denn das hier ist einer. Zumindest könnte er es ein."

Ja, ich hatte schon etliche von solchen Filmen gesehen. Das war vielleicht auch die Erklärung dafür, dass mir die Situation trotz ihrer Irrwitzigkeit für den Verstand doch auch irgendwie vertraut war. Vertraut war mir auch das Gesicht des Königs. Er schien zu sinnieren und irgendwie unzufrieden zu sein. Als sei ihm plötzlich etwas eingefallen, sprang er auf und ging zu einem Fenster mit ungefärbten Punzenscheiben, die nicht durchsichtig waren. Er öffnete daher den Flügel und sah hinaus. Mit zunehmendem

Ärger suchte er den Himmel ab. Sogar von meinem Platz aus konnte ich sehen, dass dieser Himmel strahlend blau war.

„Wache!" brüllte der König. Einen Moment später sprang ein Flügel des Eingangsportals auf und einer der beiden Wachen eilte herein. Er stellte sich mit seiner Hellebarde in Position und setzte an, sich tief zu verneigen, aber der König wartete das erst gar nicht ab. „Den Professor", schrie er, „hol mir sofort den Professor her!"

Der Wächter verneigte sich eiligst dennoch und verließ mit dem Rücken voran den Saal. Wenig später ertönte draußen ein Klopfen. Es hörte sich an, als hätte ein Wächter mit dem Stiel der Hellebarde mehrmals gegen den Boden gestoßen. „Ja", rief der König ungeduldig, und diesmal trat ein kleiner, schmächtiger, regelrecht dürrer Mann ein. Er trug eine dicke Brille und einen weißen Büromantel, mit dem manchmal die Leute in modernen Firmen umherlaufen. Eher linkisch nickte er als Gruß und wollte anscheinend etwas sagen, kam aber nicht zu Wort.

„Warum sprühen sie nicht?", schrie ihm der König wütend entgegen.

„Sie sprühen nicht?", wiederholte das Männchen verständnislos. „Aber, aber… warum sprühen sie nicht?" Es schien sich das eher selbst zu fragen und wirkte wie aus dem Schlaf aufgeschreckt.

„Mich fragst du das, du Idiot?" brüllte der König. „Es ist dein Job, dass sie es tun. Der blaue Himmel müsste dir selbst doch längst aufgefallen sein!"

Der Mann, der eher wie die Karikatur eines Professors aussah, schlurfte wie gedankenverloren zum noch offenen Fenster. „Null und eins. Welch ein Wunder. Null und eins. Alles lässt sich aus ihnen machen. Alles und nichts. Null und eins," murmelte er dabei. „Vielleicht war eines davon zu viel. Sie sprühen nicht." Den letzten Satz sagte er als Bestätigung zu dem flüchtigen Blick, den er aus dem Fenster geworfen hatte. Seine Stimme klang wie im Selbstgespräch und sein ganzes Verhalten unterschied sich deutlich von der erkennbaren Unterwürfigkeit der Wache. Es schien, als lebte der Professor in seiner eigenen Welt, in der der König ein gleichwertiger Bestandteil in einer bloß anderen Funktion war. In einer Vorgabefunktion schien ihn der Professor wahrzunehmen, aber dass er auch König war, gehörte nicht mehr in die Zeit des Professors. Das hatte der König anscheinend zu tolerieren gelernt, und weil er es nicht ändern konnte, erhöhte das offenbar noch mehr seine Wut.

„Willst du mich zum Narren machen? Du sollst mir nicht sagen, dass sie nicht sprühen, sondern mir erklären, warum sie nicht sprühen! Und natürlich hast du schleunigst dafür zu sorgen, dass wieder gesprüht wird!" schrie er außer sich vor Zorn.

„Ja, Chef", murmelte der Professor und wandte sich zur Tür.

„Und dass mir das nie wieder vorkommt!" tobte der König hinter ihm nach. „Du weißt doch, dass dieser verdammte Ekthaleon hier dauernd herumschnüffelt! Wenn er draufkommt, dass es den Leuten zu gut geht, bekomme ich mit ihm auch noch Schwierigkeiten, und es reicht, dass ich mich mit einem Versager wie dir herumschlagen muss!"

Der Türflügel schloss sich leise hinter dem Professor und der König ging aufgebracht die ganze Saallänge auf und ab. „Mist", schimpfte er, „verdammter Mist! Was tue ich bloß, dass es keiner merkt? Aber dem Dümmsten fällt auf, dass der Himmel so klar ist." Um dies nicht mit ansehen zu müssen, ging er zurück zum Fenster, schloss es lautstark und ließ sich danach aufseufzend in seinen Thron fallen, wo er in ein Brüten versank.

„Weißt du, worum geht es hier eigentlich geht?" fragt ich Dumba, nachdem Ruhe eingekehrt war.

„Chemtrails", bekam ich zur Antwort. „Du weißt, manche Leute glauben daran. Diese weißen Streifen am Himmel, die aussehen wie Kondensstreifen, sich aber nicht wie diese auflösen, sondern sich verteilen und den Himmel eintrüben."

Ich hatte davon gehört. Dass Flugzeuge eigens dafür eingesetzt werden, um Chemikalien zu versprühen, mit denen im günstigsten Fall der Klimaerwärmung vorgebeugt werden sollte, schien mir aber dann doch reichlich abenteuerlich, und noch mehr, dass dies zum Programm zur heimlichen Beeinflussung der menschlichen Psyche gehörte. Freilich hatte ich auch selbst wahrgenommen, dass an manchen Tagen die Kondensstreifen der Flugzeuge von Horizont zu Horizont reichten, kreuz und quer verliefen und der Himmel sich für den restlichen Tag mit einem grauen Schleier eintrübte, der nur noch einen wässrigen Sonnenschein durchließt. „Und damit haben der König und der Professor zu tun?" fragte ich ungläubig. „Hast du bisher einen Beweis dafür gefunden, dass es unmöglich wäre?" fragte Dumba zurück. „Nicht nur bei den Chemtrails ist es so. Solange du nicht mit eigener Wahrnehmung einen Beweis dafür oder dagegen gefunden hast, bist du darauf angewiesen, was andere Leute behaupten. Das kannst du glauben oder auch nicht. Du kannst aber nie beweisen, dass etwas, was sich jemand anderer einbildet, nicht wahr sein kann. Er hat es spätestens damit als Möglichkeit erschaffen. Damit existiert diese zumindest als Gedankengebilde. So betrachtet, kannst du nicht mehr behaupten, dass dieser Gedanke nicht möglich ist. Weil er aber immerhin als Gedanke Realität ist, kannst du bloß deine Auffassung von Realität dagegenstellen. Aber wie du speziell zu den Chemtrails feststellen kannst, ist zumindest die Diskussion darüber zur Realität geworden."

Das musste ich gelten lassen. Ein dreimaliges Pochen der Hellebardenstange draußen vor dem Portal störte meinen weiteren Diskussionswunsch ebenso wie die unruhigen Gedankenkreise des Königs auf seinem Thron. Unwillig sah er auf und bellte ein verärgertes „Was ist?" zur Tür. Der eine Wächter trat herein, verbeugte sich wieder tief und kündigte in kaum verhüllter Furchtsamkeit an: „Majestät, Ekthaleon wünscht Euch zu sprechen."

Es war der Miene des Königs anzumerken, dass ihm das gar nicht behagte. Ehe er aber zu einer Anweisung kam, trat am Rücken der Wache vorbei und demnach ungebeten ein hoch gewachsener Mann in den Saal. Er trug einen bis zum Boden reichenden Umhang in einem dunklen Blau und um den Hals ein großes goldenes Amulett mit eingeprägten Symbolen. Mit seiner stolz und selbstsicher aufgerichteten Gestalt verstrahlte er eine unverkennbare Dominanz und in seinem kantigen Gesicht mit den dunklen Augen lag etwas wie Herablassung.

„Hallo, König", grüßte er immerhin, wobei die Geringschätzigkeit nicht zu überhören war. „Ich dachte, es sei höchste Zeit, dich wieder einmal zu besuchen. Wie geht es dir?"

Die Wache zog sich augenblicklich zurück und Ekthaleon ging mit ruhigen Schritten bis zur Seite des Saales, zog dort einen gepolsterten Stuhl mit roter Samtbespannung unter einem Tisch hervor und ließ sich an diesem nieder. „Willst du dich nicht zu mir setzen?" fragte er süßlich den auf seinem Thron sitzen gebliebenen König. Wer sich das leisten konnte, brauchte nicht erst zu betonen, wer in dem Raum das Sagen hatte.

Widerwillig verließ der König seinen Thron auf dem Podest, kam zu dem Tisch, an dem Ekthaleon saß, und ließ sich diesem gegenüber nieder. Beide Männer sagten vorerst nichts. Ekthaleon ließ seinen Blick forschend im Gesicht des Königs verweilen.

„Wie ich sehe, hattest du Ärger", stellte er dann fast.

Der König machte eine abwertende Handbewegung. „Ach, nicht der Rede wert."

„So." Sein Gegenüber heftete ihn mit den Augen fest. „Du willst also behaupten, glücklich zu sein."

„Wer könnte das von sich behaupten?", wich der König aus.

Ekthaleon lachte kurz auf. „Ich finde das wunderbar. Glückliche Menschen sind mir ein Dorn im Auge. Wir wissen doch beide, dass glückliche Menschen nicht zu beherrschen sind?" Er fragte es scheinbar belanglos und doch lauernd.

„Natürlich weiß ich das. Wie sonst könnte ich hier König sein?"

„Eben", pflichtete Ekthaleon bei. „Trotzdem verwundert es mich, dass du dabei bist, die Zügel aus der Hand zu geben. Heute hast du den Menschen mehr Glück beschert als ihnen zusteht."

Der König rutsche unruhig auf seinem Stuhl hin und her. „Was meinst du damit?" fragte er unsicher.

Ekthaleon schien diese Unsicherheit zu genießen. „Ach", sagte er scheinbar abschweifend, „wie ist denn heute das Wetter draußen?"

Obwohl unverkennbar war, dass sich der König ertappt fühlte, sucht er sein Heil im Leugnen. „Ich nehme an, dass es einigermaßen schön ist."

„Einigermaßen schön?", äffte Ekthaleon mit aufkommender Schärfe nach. „Es ist strahlender Sonnenschein! Der Himmel ist blau wie schon lange nicht! Und so willst du deine Macht ausüben? Hast du wenigstens eine Erklärung dafür, wie das passieren konnte?"

„Ich kann nichts dafür", jammerte der König nun. „Der Professor war es. Irgendwo muss ein Fehler in seinem Programm sein. Entweder sind die Flüge ausgefallen oder der Wirkstoff. Ich habe den Professor bereits beauftragt, das Programm wieder zum Laufen zu bringen."

„Ha, den Professor beauftragt! Ist das alles, was dir dazu einfällt? Wer hat den Professor denn für diese Aufgabe ausgesucht?", wurde Ekthaleon's Stimme unheildrohend.

„Aber wir haben keinen besseren! Und es ist auch einfach mit der Geheimhaltung. Er ist so verrückt, dass er nicht einmal weiß, was er tut und damit auslöst! Und er ist so gut in seinem Fach, dass ich mich mit ihm abfinden muss! Er ist unersetzlich!", versuchte der König zu argumentieren.

Ekthaleon unterbrach ihn scharf: „Solche Professoren und dergleichen, denen egal ist, was sie anrichten, gilt es genügend. Erinnere dich: auf Atlantis hätten wir so einen unzuverlässigen Typen längst in Stein eingegossen!"

„Erinnere mich nicht an Atlantis!", wurde nun auch der König heftig. „Sonst fällt mir gleich ein, dass du der dämliche Hohepriester warst, der vor lauter Machtgier den Wissenschaftlern ins Handwerk gepfuscht hat. Nach mehr als zwölftausend Jahren ist der Schaden noch immer nicht ganz beseitigt...!"

Ekthaleon schlug voller Zorn mit der Hand auf den Tisch. „Schluss damit! Die Karten sind neu gemischt! Ich bin immer noch Hohepriester aus Atlantis und du bist ein menschlicher Wolkenkönig. Dir geben wir die Möglichkeit, am Erreichen unserer Weltherrschaft mitzuwirken, und ich bin als Gesandter des Geheimen Rates dazu beauftragt, dir dabei auf die Finger zu sehen. Und du weißt genau, wenn dein Professor nicht funktioniert, werden wir ihn noch vor dir in einen Stein eingießen. Zum Glück haben wir dir nicht alle unsere Programmbereiche überlassen. Also ziehe dich wieder zurück auf deinen Thron und bilde dir ein, dass du was zu sagen hast. Aber vergiss nicht: was du zu sagen hast, sagen wir dir!" Er stand wütend auf und verließ, ohne sich noch einmal umzusehen, den Saal.

Der König blieb auf seinem Sessel sitzen und sank wie ein Häufchen Elend in sich zusammen. Fast schien es, als würde er ein Schluchzen nur mühsam unterdrücken können.

„Das soll ein König sein?" wunderte ich mich.

„Er hat Angst", sagte Dumba, „wie alle Menschen. Und wie alle Menschen versucht er, sie sich nicht einzugestehen. Auch er glaubt, mit seiner Angst besser fertig zu werden, wenn er noch mehr Angst bei anderen auslöst."

„Und darum auch die Chemtrails?", vermutete ich.

„Sie gehören dazu. Sich einer unerklärlichen Entwicklung am Himmel ausgeliefert zu fühlen, macht bei den Menschen Angst, wie alles, was unbeherrschbar erscheint. Darum setzt ihr Menschen seit jeher alles daran, möglichst viel kontrollieren zu können. Entweder beherrsche ich es oder es beherrscht mich, das ist eure einfache Rechnung, und so schlagt ihr euch schon eine lange Geschichte hindurch die Köpfe ein, um schneller zu sein als der andere, der es mit euch vorhaben könnte. Das Einzige, was euch gelungen zu sein scheint, ist die Verfeinerung der Methoden. Statt der Keule von damals reichen heute schon das Internet oder die Nachrichten. Hauptsache, man verunsichert zunächst, denn umso leichter lässt sich dann Angst auslösen."

„Oh, du kannst aber auch sehr kritisch sein!", warf ich zu Dumba's Redefluss ein.

„Natürlich kann ich das", gab sie zu. „Und ihr macht es nicht nur mit euresgleichen, sondern versucht es mit der ganzen Natur. Ihr befindet euch in einem Irrtum, und aus dem könnt ihr euch erst dann befreien, wenn ihr ihn zugebt. Aber bis dahin müsst ihr darin verbleiben, denn ihr braucht etwas, was euch aufweckt. Und du brauchst es auch, sonst wärst du nicht hier."

Ich fühlte mich irgendwie betroffen, und am meisten wohl deswegen, weil ich keine Ahnung hatte, warum mich dieser Satz betroffen machte. Allein meine Miene schien Dumba zu reichen, um weiterzusprechen: „Jeder wählt dazu seine eigene Methode. Die deine ist, dich vermeintlich aus dem Geschehen herauszunehmen. Du bist Zuschauer, der sich einer Führung überlässt. Dieser Ansatz ist so riskant wie jeder andere auch. Du meinst, dann nicht mehr dafür verantwortlich zu sein für das, was dir begegnet. Aber du bist immer noch dafür verantwortlich, dass du dich auf meine Führung einlässt!"

Dumba sah mich dabei so treuherzig an, dass sich mein Unbehagen in Grenzen hielt. Es stimmte, dass ich mich auf ihre Führung eingelassen hatte. Ausschlaggebend dafür war, dass sie vertrauenswürdig aussah. Mehr wusste ich nicht über sie, und bei nüchterner Betrachtung konnte dieses Wissen sehr trügerisch sein.

„Hätte ich denn eine andere Wahl gehabt?" fragte ich verunsichert.

„Natürlich," bekam ich zur Antwort, „die hast du immer. Du hättest ablehnen können, und du könntest es immer noch."

Ich überlegte. Wir standen in einem Saal, in dem ein überaus seltsamer König residierte, und dieser Saal befand sich in einem Schloss, das irgendwo in den Wolken war. Allein was ich bisher hier mitbekommen hatte, war so abwegig, dass es mit dem Verstand nicht zu erklären war. Aufzuhören kam für mich nicht in Frage. Ich wollte mehr wissen, und das sagte ich Dumba auch.

„Du entscheidest dich mit sehr wenig Wissen und anscheinend nur nach deiner Neugier", stellte sie fest. „Vielleicht kannst du das irgendwann einmal brauchen, wenn du genauer wissen willst, auf welcher Ebene du entschieden hast."

Dass der König plötzlich wie von einer Tarantel gestochen aufsprang und ganz unmajestätisch zum Saalportal stürzte, unterbrach unser Gespräch. Er riss die Tür auf und schrie in die Vorhalle hinaus: „Der Professor! Schnell, holt ihn augenblicklich her!" Der König schien sich regelrecht in einer Panik zu befinden. Er blieb bei der offenen Tür stehen und trippelte aufgeregt von einem Fuß auf den anderen.

Es dauerte nur kurz, bis die eine Wache wieder zurückkam. Ein Stück hinter ihr trottete der Professor.

„Warum dauert das so lange?" brüllte der König zornig, wartete aber nicht auf eine Erklärung, sondern sprudelte hektisch hervor: „Professor, kümmere dich sofort um alle Gitter im Keller! Sie müssen verstärkt werden. Der Drache fängt schon wieder an zu toben. Ich spüre es!"

Der Professor warf im Herankommen einen abwesenden Blick auf den König. Er verstand etwas nicht. „Drache? Gitter? Null und eins. Alles eins. Ist stimmig. Vom System bestätigt. Geprüft. Vor fünf Minuten," murmelte er.

„Vor fünf Minuten?", schrie der König. „Das ist nicht jetzt! Ich habe genau gespürt, dass der Drache seinen nächsten Ausbruchsversuch startet. Alles verstärken, sofort!"

„Wie, noch mehr?", kam vom Professor mit gleichgültiger Stimme die Rückfrage. „Null und eins und null und eins?"

„Ja, noch mehr! Noch viel mehr! Und ob mit Null oder Eins, ist mir egal!", brüllte ihn der König mit sich überschlagender Stimme an. „Du Narr kennst nur deine zwei Ziffern, aber von Drachen hast du keine Ahnung! Begreifst du denn nicht den Auftrag meiner Ahnen? Seit Menschengedenken halten sie den Drachen im Verlies, weil er das Land zerstört hat! Es wäre schrecklich, wenn er entkäme!"

„Schrecklich, ja", murmelte der Professor. „Null und eins. Alles eins."

„Nein, mir nicht! Kein Wort mehr, mach dich sofort ans Werk!", schrie der König zornbebend.

Der Professor nickte nur, drehte sich um und ging wie geistesabwesend weg. Er schien bereits an der Lösung für seinen Auftrag zu arbeiten und ganz in diese Welt eingetaucht zu sein.

Etwas erleichtert atmete der König hörbar aus und ging zu seinem Thron zurück, in den er sich hineinfallen ließ. Wieder versank er in ein tiefes Grübeln, und dass er dabei nervös in seinen Fingernägeln kaute, ließ erkennen, dass er innerlich nicht zur Ruhe kam.

„Mich würde nun allmählich interessieren, was denn der Professor eigentlich macht", wandte ich mich wieder an Dumba.

Sie antwortete leichthin: „Ach, vom bloßen Hinsehen wärst du enttäuscht. Er sitzt bei seinem Computer und programmiert. Nicht nur hier im Schloss läuft alles nach Programmen ab."

„Wie, das alles sind nur Programme?" staunte ich.

„Ja, Programme", bekam ich die Bestätigung. „Sehr komplizierte Programme zwar, solange man sie nicht durchschaut hat, aber nur Programme. Wer den Quellcode dafür kennt, kann sie abändern. Aber dir das jetzt zu erklären, passt nicht zum Film. Schau ihn dir einfach weiter an!"

Dumba zwinkerte freundlich mit den Augen und erreichte damit, dass ich mich damit leichter zufriedengab, aber dennoch auf ein anderes Thema wechselte: „Und was ist mit dem Drachen? Der König scheint ordentlich Respekt vor ihm zu haben!"

Dumba nickte. „Aus gutem Grund. Das Tier ist unten im Keller eingesperrt."

„Könnten wir nicht dort hingehen?" schlug ich sogleich vor, aber Dumba schüttelte den Kopf.

„Das wäre keine gute Idee. Das Problem mit dem Drachen ist, dass er wächst und immer stärker wird, und je länger er eingesperrt ist, umso mehr wächst auch seine Wut. Es kostet bereits sehr viel Aufwand, ihn unter Verschluss zu halten."

„Hast du denn auch Angst vor dem Drachen?" deutete ich Dumba`s Zurückhaltung.

Sie überlegte ein wenig. „Ich weiß, was du meinst, weil ich mich in eure menschliche Angst hineinversetzen kann. Aber um mich habe ich keine Angst. Es könnte nur sein, dass es hier in diesem Schloss sehr unruhig wird. Niemand weiß, wer sich wann wie entscheiden wird, darum kann ich dir nichts Näheres dazu sagen. Ich kann dir aber noch einiges anderes zeigen."

Ich nickte nur zustimmend, und so eigenartig, wie wir den Saal betreten hatten, verließen wir ihn auch wieder.

Wir befanden uns in der Vorhalle mit den beiden bewegungslos dastehenden Wachen, und erst jetzt fiel mir auf, dass ich beim Herkommen einiges übersehen haben musste. Der Raum schien viel größer zu sein als vorher, und zwei breite Stiegen führten links und rechts nach oben in ein weiteres Stockwerk.

Dumba lächelte. „Auch das ist eine Eigenart dieses Schlosses. Es passt sich stets unseren Erwartungen an, auch wenn sie unbewusst sind." Sie wandte sich zu der einen Stiege und begann sie hochzusteigen.

Mein Kopf war voller Fragen und ich musste mich daran erinnern, mich eher an die Beobachterrolle zu halten. Also ging ich hinter Dumba her und wir erreichten einen langen Gang von der Art, wie ich ihn auch im unteren Geschoß gesehen hatte. Zielstrebig ging meine Führerin an den vielen Zimmertüren vorbei, bis wir die Tür an der Stirnseite des Ganges erreicht hatten. Dumba betätigte mit ihrem Rüssel die Klinke und trat ohne Umschweife ein.

Wir standen in einem großen Raum mit bogenförmigen Fenstern nach drei Seiten. Sie ließen erkennen, dass der Schlosstrakt, in dem wir uns befanden, in einen parkähnlichen Garten vorsprang. Die Stirnwand uns gegenüber war mit einer doppelflügeligen Balkontür ausgestattet, vor der sich ein kleiner Balkon mit schmiedeeisernem Geländer befand. Dumba setzte ihren Weg zu dieser Tür fort und trat hinaus. Kaum hatte sie einen Blick nach unten geworfen, sah sie kurz zu mir zurück und sagte überrascht: „Oh, unerwarteter Besuch!"

Ich trat neben ihr an das Geländer. Wir befanden uns relativ hoch über dem Rasen vor dem Schloss. Da unten standen drei sehr eigenartige Gebilde. Das vertrauteste war eine Fliegende Untertasse. Das zweite wirkte wie die

Lokomotive einer Hochgeschwindigkeitseisenbahn, extrem schnittig, hatte aber keine Räder und das dritte ähnelte noch am ehesten einem kleinen Flugzeug. Es war eine Art Raumgleiter. Gemeinsam war den drei Dingern, dass sie offenbar dem Science-fiction-Bereich entstammten. Ähnliche Bilder hatte ich in Comicstrips, Zukunftsbüchern, Filmen und natürlich auch dem Internet gesehen. Es waren offenbar verschiedene Formen von Ufos.

„Und ich dachte, das gibt es nur in der Fantasie!" stieß ich erstaunt hervor.

Dumba kicherte ein wenig. „Natürlich. Wo sonst?" Sie wurde aber gleich wieder etwas ernster. „Könnte sein, dass der König weiteren Besuch bekommt. Interessiert dich das?"

Ich hielt eine andere Antwort als ein bestätigendes Nicken für unnötig.

„Na, dann wollen wir keine Zeit versäumen." Sie schien zu wissen, was zu tun war, und ging in den Raum zurück. Ehe sie jedoch die Zimmertür erreichte, hielt sie vor mir inne und lauschte.

„Hast du das gehört?", fragte sie leise.

Ich hatte nichts gehört, aber nun, da ich mehr darauf achtete, war mir, als würde der Boden leicht erzittern.

„Der Drache", erklärte Dumba. „Er wütet, wie er es noch nie getan hat."

Offenbar hatte das der König schon früher an für mich nicht erkennbaren Anzeichen wahrgenommen. Weil ich aber soeben auch drei Ufos gesehen hatte, konnte mich kaum noch etwas weiter verwundern.

Die Tür in den Königssaal stand diesmal offen, als wir in der Vorhalle ankamen.

„Nein, nein, nicht auch das noch!" jammerte der König drinnen. „Gerade jetzt, wo der Drache versucht, auszubrechen!"

„Dein Drache ist mir egal", hörte ich die barsche Stimme Ekthaleons. „Wir haben ein größeres Problem. Der Geheime Rat ist unzufrieden, und den interessiert dein Drache nicht!"

„Weil die da oben keine Ahnung haben", widersprach der König weinerlich. „Unser ganzes Reich ist in Gefahr!"

„Ich bin in Gefahr!", fuhr ihn Ekthaleon an. „Das zählt. Ich bin zu deiner Beaufsichtigung hierher abkommandiert. Wenn sie uns für Versager halten, sind wir beide dran. Wir müssen ihnen plausible Erklärungen liefern und sie hinhalten. Lass vor allem mich reden. Du Jammerlappen bist ja bereits das reinste Schuldeingeständnis."

Unbemerkt waren Dumba und ich in den Saal eingetreten. Der König saß in zusammengesunkener Haltung an dem Tisch an der Seite des Saales, aber Ekthaleon hatte sich nicht zu ihm gesetzt. Aufrecht und herrisch stand er dem König gegenüber und sah auf ihn hinab. „Und mit sowas wie dir habe ich mich eingelassen", sagte er verächtlich. „Ein schöner König, und so einer will die Erde mitbeherrschen!"

„Du hast es mir eingebrockt!", begehrte der König auf. „Du hast gesagt, du würdest diesmal die Fäden in der Hand behalten, und ich Narr habe dir geglaubt!"

„Ich habe die Fäden sehr wohl in der Hand! Alle ziehen in eine Richtung: die Finanzbosse, die Freimaurer, die sogenannten Illuminaten, die ganze Wirtschaft, die Politik und das Militär samt zahllosen selbsternannten Gurus! Alle glauben, eine bestimmende Kraft zu sein, und keiner merkt, dass sie gesteuert werden. So weit waren wir noch nie, dass alles weltweit ineinandergreift! Nur du hast ausgelassen mit deiner Wettersteuerung. Es gibt noch zu wenig Katastrophen und Unruhe!"

„Ah, jetzt wäre ich allein es!" verteidigte sich der König. „Aber wenn ich an unseren Zeitplan denke, hinkst auch du in einigen Punkten nach!"

„Schluss jetzt", unterbrach ihn Ekthaleon ärgerlich, „sie werden wahrscheinlich bald da sein. Aber wenn sie wieder weg sind, wird es Konsequenzen für dich geben, das garantiere ich dir!"

„Warte ab. König bin immer noch ich. Sieh erst mal zu, was sie von dir übrig lassen!" schien sich der andere seiner Position zu erinnern und richtete sich im Sessel auf, gerade rechtzeitig, als drei Gestalten in der Eingangstür auftauchten.

Ohne Ankündigung durch die Wachen traten sie ein. Es waren menschenähnliche Wesen, aber doch mit einigen deutlichen Unterschieden auch untereinander. Am ehesten entsprach das erste der üblichen Menschenrasse, hatte aber außergewöhnlich hellblaue Augen, eine dunkle Gesichtsfarbe und einen bulligen Körperbau. Ihm folgte ein weiteres anscheinend männliches Wesen. Es hatte Augen wie ein Fisch, ein vorgezogenes spitzes Gesicht mit seitlichen Nasenlöchern und statt der Haut graugrüne Schuppen. Die beiden wurden vom dritten um einen überdimensional großen Kopf überragt. In diesem befand sich ein kleiner Mund und riesige starrende Augen. Die Stirn war deutlich breiter als das darunter liegende flache Gesicht und ging in einen haarlosen, weit nach hinten ausladenden Schädel über. Der Körper steckte in einem eng anliegenden, metallisch glänzenden Anzug und es war nicht zu erkennen, ob es sich um einen Mann oder eine Frau handelte.

„Seltsames Zugangssystem", sagte der erste Mann abschätzig mit einer eigenartig hohlen, dumpfen Stimme, „und nicht einmal das funktioniert!"

Während die drei auf den Tisch an den Saalseite auf die beiden dort schon Anwesenden zugingen, erschienen die beiden Wächter im Türrahmen. Sie machten ratlose Gesichter und waren von der Situation, einfach ignoriert worden zu sein, offenbar überfordert.

Der König erhob sich gegenüber den Ankömmlingen, machte eine ärgerliche Handbewegung zu den beiden Wächtern und fuhr sie an: „Raus, ihr Versager, und Tür zu!" Die beiden gehorchten eilig und der König verbeugte sich leicht. „Willkommen! Gerne hätten wir uns auf Ihren Besuch vorbereitet..."

„Lass die Floskeln!", unterbrach ihn der erste Ankömmling. „Uns musst du nicht anlügen. Wir sind keineswegs willkommen, und wir kümmern uns auch nicht darum. Wir sind eine Abordnung des Geheimen Rates. Eure Berichte decken sich nicht mit denen unserer anderen Quellen. Darum haben wir erstmals beschlossen, uns einen persönlichen Eindruck von euch zu verschaffen, ehe der Unbekannte Höchste uns womöglich rügt. Denn ihr wisst, unsere Organisation duldet keine Fehler. Die Neue Weltordnung hat oberste Priorität."

Die Pause, die er machte, diente anscheinend nur dem Zweck, sowohl dem König als auch Ekthaleon ein zustimmendes Nicken zu entlocken.

„Noch sind wir freundlich genug, das Gespräch zu suchen", setzte der Mann fort, „darum wollen wir es im Sitzen tun." Mit einer Geste lud er seine beiden Begleiter ein, rechts und links von ihm an dem Tisch Platz zu nehmen, während er mit einer etwas bestimmenderen Handbewegung dem König und Ekthaleon zwei Plätze an der gegenüberliegenden Tischseite zuwies.

„Ich bin Athor, ein Repräsentant der Inneren Erde. Der Großteil der Menschheit hält diese Idee ohnedies für verrückt, sofern er sie überhaupt kennt, und nur einige glauben, dass sich Abkömmlinge der Menschheit hier in ihr eigenes Reich zurückgezogen haben, von wo aus sie die obere Menschheit bei ihrem Bewusstwerdungsprozess unterstützen. Ein netter Gedanke, der uns hilft. Die wenigsten rechnen damit, dass auch dieser Bereich unterwandert ist."

Er grinste selbstgefällig und wies auf den graugrünen Gesellen rechts von ihm: „Und dies ist Oko. Unschwer zu erkennen, dass er ein Reptiloide ist. Ausnahmsweise zeigt er sich, wie er wirklich ist. Sonst steckt er meistens in der Gestalt eines irdischen Politikers."

Dann wandte er sich an seinen linken Sitznachbarn: „Daria, eine Anunnaki. Sie kommt vom Planeten Nibiru. Wie in Urzeiten lassen sie auch heute noch gerne die Menschen als Sklaven für sich arbeiten, auch wenn sie sich über ihre üblichen Geschlechterrollen hinaus entwickelt haben."

Die beiden Begleiter ließen ihre Vorstellung reglos und mit ausdruckslosen Mienen über sich ergehen. Athor setzte fort und machte eine Kopfbewegung zur gegenüberliegenden Tischseite: „Die beiden hier sind sozusagen echte Exemplare der herkömmlichen Erdenmenschen. Nicht perfekt, aber gerade deshalb geeignet, die oft sehr unverständlichen menschlichen Denkmuster besser nutzen zu können. Erklärt selbst, welche Aufgaben ihr zugewiesen bekommen habt!"

Der König warf zunächst einen fragenden Blick zur Seite auf Ekthaleon, und als dieser nicht sogleich das Wort ergriff, räusperte er sich und begann: „Ich bin der König hier. Ich habe über viele Generationen herrschen gelernt. Ich weiß, wie man befiehlt, und ich weiß, was man tun muss, um die Menschen klein zu halten. Das Wetter ist eine gute Möglichkeit, ihnen zu zeigen, wie hilflos sie sind. Ich sorge dafür, dass es beeinflusst oder das zumindest behauptet wird."

„Aber das ist natürlich nur eine von vielen Möglichkeiten, die wir koordinieren. Noch wichtiger als das Wetter selbst ist die Berichterstattung darüber", mischte sich nun der Atlanter ein. „Viele würden es gar nicht bemerken, wenn wir nicht in den Medien darauf aufmerksam machen und diese steuern würden. Das meiste käme gar nicht an die Oberfläche. Politische Krisen, Kriege, Naturkatastrophen, Skandale, Missbräuche und Fehlentwicklungen in der Wissenschaft, der Finanzpolitik und der Wirtschaft müssen aber zuerst inszeniert werden, um bekanntgemacht und auch fehlinterpretiert werden zu können. Ich war Hohepriester in Atlantis. Seit mehr als zwölftausend Jahren studiere ich Hierarchien. Was man tun muss, um sie zu unterwandern..."

„Höre auf, dich mit Selbstverständlichkeiten zu prahlen", unterbrach ihn Athor. „Die Manipulation kennen wir alle. Aber anscheinend kennt ihr sie noch nicht gut genug. Wir sind unzufrieden mit eurer Arbeit!"

„Unzufrieden?", wiederholte der Atlanter mit gespieltem Erstaunen. „Wo wir doch seit Jahrtausenden tätig sind, Mann und Frau gegeneinander auszuspielen, Zwietracht und Misstrauen zu säen und möglichst jeden Eindruck von Sicherheit auf dieser Welt zu zerstreuen?"

„Das sind Allgemeinplätze", wurde Athor ärgerlich, „was uns stört, sind Entwicklungen, die vom angestrebten Trend abweichen. Warum fangen Menschen zunehmend an, ihr eigenes Gemüse anzubauen oder zumindest unbehandeltes Gemüse zu kaufen? Warum stellen sie ihre

Ernährung um, lassen sich alternativ behandeln? Woher kommt die Zurückhaltung gegenüber der Genmanipulation und den Entwicklungen der Pharmaindustrie? Warum stellen sie Atomkraftwerke in Frage? Warum werden die giftigsten Pflanzenschutzmittel bereits verboten? Warum werden zum herkömmlichen Geldsystem Regionalwährungen entwickelt und kritische Stimmen gegen die Urlaubsreisen mit Flugzeug immer lauter? Warum…"

Diesmal war er es, der unterbrochen wurde. Ein dumpfer Knall aus dem Untergrund ließ Wände und Boden erzittern, gefolgt von einem ohrenbetäubenden, furchterregenden Brüllen.

„Was sollen diese Tricks?", fragte Athor nach einer Schrecksekunde scharf. „Glaubt ihr wirklich, ihr könnt uns damit von unseren Fragen ablenken?"

„Aber nein", beeilte sich Ekthaleon zu versichern, „wir wissen selbst nicht, was das ist!"

Der König hingegen zeigte mit seiner Reaktion, dass jedenfalls er Bescheid wusste. Mit aschfahlem Gesicht sackte er in seinem Sessel zusammen. „Der Drache", ächzte er, „jetzt ist er entkommen! Es ist aus!"

Zum ersten Mal kam nun Bewegung in die Anunnaki. „Unlogisch!", sagte sie mit einer hohen sirrenden Stimme, die wie technisch bearbeitet klang. „Drachen existieren nicht. Aber meine Waffe." Sie griff hinter sich und löste von ihrem Gürtel einen Gegenstand, der aussah wie eine kleine Pistole mit antennenartigen Aufsätzen.

„Nein, um Himmels willen," schrie der König entsetzt, „nicht auf ihn schießen! Ihr reizt ihn nur noch mehr!"

„Ich verhandle nicht. Ich handle", antwortete das angeblich weibliche Wesen mit der gleichen hohen, aber monotonen Stimme.

Mit klirrendem Getöse zerbarst das Punzenglas eines der Fenster und flog mit den zersplitterten Holzteilen des Rahmens in den Saal. Eine Art Schatten war darauf zugerast und hatte es eingeschlagen, aber der Schatten war in Wirklichkeit eine mächtige Pranke oder ein Schwanz. Wieder ertönte das wilde Brüllen und die Mauern bebten.

Nur die Anunnaki blieb unbeeindruckt. Der König ließ sich neben seinem Sessel auf dem Boden fallen und hielt wimmernd die Arme über den Kopf, und die anderen blickten zumindest erschrocken drein. Das traf auch auf Dumba und mich zu. Ich war nicht mehr so sicher, dass wir nur außenstehende Beobachter waren, die das alles nichts anging. Besorgt blickte ich auf Dumba. Sie schien sich ähnlich unwohl zu fühlen wie ich. „Gehen wir", sagte sie, „eingreifen können wir ohnedies nicht."

Die Wachen im Vorraum waren nicht mehr zu sehen, als wir über den roten Teppich auf die Stiege hinunter ins Erdgeschoß zueilten. Auf etwa der halben Höhe dieser Stiege ging ein lautes Krachen durch das Mauerwerk. Neben uns lief ein Sprung im Verputz bis hinauf zur Decke. Mörtelbrocken und Staub rieselten herab.

„Schneller", rief Dumba, „das Schloss stürzt ein!" Aus unserem Eilen wurde ein Laufen. Von draußen erklang neuerlich zorniges Gebrüll und das Knacken und Krachen im Mauerwerk wurde noch bedrohlicher. Gerade, als wir an einem Gangfenster vorbeikamen, wusste ich, warum das so war: es zerbarst soeben, weil sich von außen ein graues, beschupptes Etwas dagegenlehnte und gegen die Mauer drückte. Ich hatte noch nie einen Drachen gesehen, aber nach allem, was ich bisher gelesen und in Filmen gesehen hatte, konnte es nichts anderes sein. Er musste riesige Ausmaße und ungeheure Kräfte haben. Als würde eine Schubraupe dagegen fahren, sah ich die Mauer zerspringen und nach innen nachgeben. Wir schafften es gerade noch, an dieser Stelle vorbeizukommen. Mit Gepolter fiel ein großes Stück Wand knapp hinter uns nach innen in den Gang und ließ für einen kurzen Moment den massigen Körper und die Größe des Ungeheuers erkennen. Dann hüllte uns eine dichte Staubwolke ein. Ich sah nichts mehr und lief, von Angst gepackt, so schnell ich konnte in der bisherigen Richtung weiter, während anscheinend Teile der Decke und der Obergeschoße in die entstandene Bresche fielen. Dadurch wagte ich nicht, meinen Lauf zu verlangsamen, versuchte aber wahrzunehmen, wo Dumba war. Vorhin war sie noch auf meiner Höhe gewesen. Nun merkte ich nichts mehr von ihr. Ich schrie ihren Namen, bekam jedoch keine Antwort. Außerdem schien der Gang viel länger zu sein als der Weg, auf dem wir gekommen waren, aber in dem dichten Staub um mich hatte ich keine Orientierung. Also hastete ich weiter und trachtete nur, nicht gegen eine Mauer zu laufen und auch die

Abzweigung, die zum Eingangsportal des Schlosses führen musste, nicht zu übersehen.

Endlich lichtete sich der Staub so weit, dass ich mich in einem düsteren, geradeaus verlaufenden, endlos scheinenden Gang begriff. Eine Reihe von Türen ließ sich erkennen, aber sogleich drang wieder Staub von hinten nach und das Getöse zusammenstürzender Mauern hielt an, immer wieder übertönt von schreckerregendem Fauchen und Brüllen. Wieder rief ich nach Dumba, getraute mich aber nicht stehen zu bleiben. Der Boden zitterte unter mir, als gäbe es ein nicht enden wollendes Erdbeben. Irgendwo musste es doch einen Ausgang ins Freie geben, wo ich wenigstens der Gefahr herabstürzender Bauteile zu entkommen hoffte. Ich sorgte mich um Dumba, von der ich nicht wusste, ob sie auch so schnell laufen konnte wie ich und wo sie geblieben war. Andererseits hätte es auch sein können, dass sie längst einen Ausweg gefunden und nicht ich sie, sondern sie mich verloren hatte.

Der Abschnitt des Ganges, wo ich jetzt war, war mir völlig fremd. Also hatte ich mich ohnedies bereits verirrt, und außerdem hatte ich von der Wandlungsfähigkeit des Schlosses bereits eine Ahnung bekommen. Der Gang vor mir schien kein Ende zu haben. Vielleicht würde mich eine der seitlichen Türen vor der mir ständig nachdrängenden Staubwolke bewahren und mich klarere Gedanken fassen lassen. Ich ergriff die nächste Klinke und drückte sie nach unten. Die Tür ging auf. Ich huschte hinein und befand mich in einem großen leeren Raum mit hohen Glasfenstern, durch die ich hinaussah.

Ich schien mich in einem Seitentrakt des Schlosses zu befinden. Der Anblick, der sich von hier auf den Haupttrakt bot, war jedoch schrecklich: Flammen züngelten auf den Dächern, dunkler Rauch stieg davon auf und darunter stürzten ganze Mauerabschnitte in sich zusammen. Die aufwallenden Staubwolken mischten sich mit Rauch und Feuerschein. Zwischen ihnen tauchte der Drache auf. Wie ein Kampfflieger mit beweglichen Tragflächen zog er eine enge Bahn zu einem noch stehenden Teil des obersten Geschoßes hin und warf sich mit seinem ganzen Gewicht dagegen, dass dieser dem Anprall krachend nachgab. Mit der nächsten Runde seiner Flugbahn streifte der Drache knapp über ein noch nicht brennendes Dach hinweg und setzte es mit einem Feuerstoß aus seinem Maul in Flammen. Danach setzte er auf dem Boden neben dem Schlosstrakt auf. Unter seinem mächtigen Schwanzhieb gab ein weiterer Mauerteil nach, und sogleich erhob er sich wieder in die Luft, nahm Schwung für einen neuen Rammstoss und brachte damit abermals einen Abschnitt des Mauerwerks zum Einsturz. Sein Wüten begleitete das Ungeheuer mit markerschütterndem Gebrüll. Die Heftigkeit seiner Angriffe ließ erahnen, dass es von purem Vernichtungswillen getrieben war und nicht eher von seinem Toben ablassen würde, bis das ganze Schloss zerstört war. Jeden Moment konnte es sich auch auf den bisher noch unversehrt wirkenden Seitentrakt stürzen, in dem ich mich wie in einer Falle fühlte.

Hektisch sah ich mich um. Der Gang draußen war sicherlich von Staubwolken gefüllt. Dort versprach ich mir keinen Ausweg. Allerdings entdeckte ich in der Holzvertäfelung am anderen Raumende eine unscheinbare Tür. Auch sie war unversperrt und ich fand mich neuerlich in einem Gang wieder. Wie der vorherige war er lang und düster, aber er hatte wenigstens ein erkennbares Ende, das wie eine durchscheinende Glastür aussah. Diese Helligkeit und die Richtung versprachen mir die Chance, hier endlich ins Freie zu gelangen. Schon sehr außer Atem hastete ich darauf zu.

Eine heftige Erschütterung brachte mich beinahe zu Fall. Wie durch eine Explosion stürzte hinter mir die Decke ein. Balken und Schutt krachten hernieder und neuerlich umfasste mich eine dichte Staubwolke. Diesmal hatte ich das Gangende aber schon relativ nahe vor mir. Die helle Fläche war mir wie ein Rettungsanker. Umso größer war mein Schock, als ich den Drachen wieder brüllen hörte, viel lauter als sonst und viel näher. Er schien sich direkt hinter der Tür zu befinden, auf die ich zurannte. Nun war ich wirklich in der Falle.

Das Zersplittern dieser Tür nahm mir das weitere Denken ab. Mauerwerk, Glas und Holz flogen in das Ganginnere. Mir gelang es gerade noch zu stoppen, ohne davon verletzt zu werden. Doch das schien ohnedies bereits egal zu sein. Die ganze Wand am Ende des Ganges war plötzlich weg. Stattdessen war die gesamte Fläche vom Kopf des Drachens ausgefüllt. Seine roten Augen mit senkrecht stehenden, schlitzähnlichen Pupillen waren direkt auf mich gerichtet. Ich sah riesige Nüstern und darunter ein sich soeben öffnendes, krokodilähnliches Maul mit gewaltigen gelblichen Zähnen darin. Es war so groß, dass ich senkrecht hineinpasste. Der Schlund tat sich vor mir auf wie eine Höhle, und das Grollen, das daraus hervortönte, wirkte wie ein boshaftes Lachen. Etwas Rötliches kam auf mich zu. Erst dachte ich, es sei ein Feuerstoß, der mir nun unausweichlich das Ende bereiten würde, doch dann merkte ich, dass es mehr ein rötlicher Nebel als Feuer war und keine Spur von Hitze hatte. Diese nebelähnliche Substanz umhüllte mich wie soeben noch die Staubwolke, und der Schlund des Ungeheuers schien zu einer sich nach hinten weitenden Höhle geworden zu sein. Ich hatte den Eindruck, als würde ich ohne zu gehen in sie hineingleiten.

Ist das das Gefühl, wenn man stirbt? War ich schon tot? Ich wusste es nicht. Etwas hatte sich gewandelt. Meine Angst war weg und auch jeder Bezug zu mir selbst. Ich dachte nichts und es war auch nicht mehr wichtig, dass ich etwas dachte. Der Nebel um mich, der sich immer mehr in ein sanftes Rosa gewandelt hatte, war das Einzige, was ich wahrnahm. Wie ein wattiger Kokon umhüllte er mich. Ich verlor darin jedes Gefühl für Richtung, Schwerkraft und Zeit.

Eine Ewigkeit schien vergangen zu sein, als ich eine tiefe, dröhnende Stimme hörte: „Glaubst du denn, dass ich dich einfach vergessen werde? Ich weiß, dass du da bist!" Da diese Stimme von rundum zu kommen schien und ich ihre

Vibration wie bei einem lauten Donnergrollen spürte, musste das der Drache sein. Er klang aber ruhiger, fast sachlich.

Noch immer fand ich mich in einem rosa Etwas eingebettet. Mir war, als würde ich darin schweben, fand aber keinen Bezugspunkt.

„Wo bin ich?" hörte ich mich fragen.

Ein fast gemütliches Lachen mit der tiefen Stimme war die erste Antwort. Dann kam: „In Sicherheit. In mir bist du sicher".

„Also hast du mich gefressen!" stellte ich mit leisem Erschrecken fest.

Wieder kam zuerst ein Lachen, diesmal eher sarkastisch. „Ja, so könnte man es nennen, wenn man Vorurteile gegenüber einem Drachen hat. Auch Drachen lernen dazu. Mit jeder Jungfrau, die mir früher geopfert wurde, habe ich mehr begriffen, dass sie unverdaulich sind, wenn sie sich nicht opfern wollen. Willst du dich opfern?"

Die Frage überraschte mich. „Natürlich nicht!", stotterte ich.

„Danke", sagte der Drache, „wenn das so ist, habe ich keinen Appetit. Vor allem jetzt nicht, wo wir eine Art Verbindung zueinander gefunden haben. Vorher war ich in der Wut und du in der Angst. Eine denkbar ungünstige Voraussetzung für einen Dialog. Aber nun habe ich meine Wut abreagiert und du hast deine Angst verloren. Das macht uns beinahe ebenbürtig. Hast du denn das Gefühl, dass ich dich gefressen habe?"

„Nach dem, woran ich mich erinnern kann, muss es wohl so gewesen sein," antwortete ich.

„Schlussfolgerung nach weltlichen Gesichtspunkten," kam zurück. „Aber die funktionieren hier etwas anders. Man muss schon eine Weile hier gewesen sein, um sie etwas besser zu verstehen. Und alles verstehe ich auch nicht. Ich bin aber auch nur der Drache hier. Mein üblicher Job ist, schlimme Erwartungen zu erfüllen. Im Moment falle ich dir gegenüber etwas aus der Rolle."

„Stimmt", musste ich zugeben, „mit einem Gespräch mit dir hätte ich am wenigsten gerechnet. Vielleicht könntest du mir erklären, was eigentlich passiert ist!"

„Sagte ich beinahe schon. Ich erfülle Erwartungen, vor allem, wenn sie die Form von Befürchtungen haben." Er lachte ein gemütliches, dröhnendes Lachen.

Mir fehlte das Verständnis. „Könntest du das etwas genauer sagen?"

„Gerne", lachte er, „am besten an deinem eigenen Beispiel. Du hast befürchtet, dass ich dich fressen werde. Und der König hat befürchtet, dass ich ausbreche und dann das Schloss zerstören werde. Was blieb mir übrig, als diese Erwartungen zu erfüllen?" Er schien selbst belustigt zu sein von der Harmlosigkeit, mit der er das sagte.

„Was, du erfüllst nur Erwartungen?", war ich skeptisch.

„Naja", räumte der Drache etwas ernster ein, „ganz so einseitig ist es nicht. Die Vorgeschichte ist deutlich länger. Sie beginnt mit dem Schicksal als Drache. Du wirst völlig ahnungslos geboren, und allmählich merkst du, was die

Menschen von dir halten. Sie fürchten dich. Du bist ein Inbegriff des Bösen. Langsam begreifst du, welche Aufgabe du übernommen hast. Du bist die Verkörperung einer Art von Naturgesetz. Du musst den Leuten zeigen, dass sie das Richtige von dir halten, nämlich du musst so böse sein, wie sie glauben, dass du bist. Das Dumme daran ist nur, dass sie nie merken, welchem Irrtum sie aufsitzen. Als böse bezeichnen sie das, wovor sie Angst haben. Und fast alle Menschen haben Angst." Mit seinem Seufzen und der kurzen Stille, die danach eintrat, wirkte er nun selbst beinahe menschlich.

„Genaugenommen bin ich nur eine Form von Angst", fuhr der Drache fort. „Sie ist meine Nahrung. Ich bekomme alle Angst ab, die die Menschen aus sich verdrängen. Sie wollen sie nicht wahrhaben und suchen einen Grund dafür, der außen liegt. Dann brauchen sie sich nicht mit sich selbst beschäftigen und halten die Gefahr für gebannt, wenn sie mich in einem engen Käfig einsperren. Ich hingegen wurde regelrecht gemästet und wuchs. Mit mir wuchs aber auch meine Wut, weil alles Böse auf mich abgewälzt wurde und ich nichts dagegen tun konnte. Ich bekam regelrechte Panik, weil ich immer dicker und von den Gitterstäben um mich fast schon erdrückt wurde. Sie hat mir geholfen, den Käfig auseinanderzusprengen und zu entkommen. Aber die in mir angesammelte Bösartigkeit war damit nicht entladen. Darum musste das Schloss dran glauben." Er schnaubte zufrieden und erleichtert.

„Und alle, die im Schloss waren, sind dir egal?" wagte ich mich zu erkundigen.

„Natürlich", gab er ungerührt zurück, „keine Traumgestalt kann einer anderen etwas antun. Sie kann nur von sich selbst verletzt werden."

„Aber…", setzte ich an.

„Kein Aber", sagte der Drache nicht unfreundlich, aber bestimmt, „ich bin nicht dazu da, deinen Wissensdurst zu stillen. Vergiss nicht, dass auch du eine Traumgestalt bist. Du brauchst mich jetzt nicht mehr."

In meiner rosa Schleierwolke hatte ich bisher nur den Dialog mit dem Drachen mitbekommen. Alles andere blieb nebelhaft und unerklärlich. Nun verblasste die Farbe um mich und wurde grau. Was davon ich hätte sein können, verlor sich wie das Grau selbst. Anscheinend kann man auch im Traum einschlafen.

Ein fröhliches, vielstimmiges Vogelzwitschern weckte mich. So nahe und intensiv hatte ich schon lange keine Vögel mehr gehört. Ich lag auf einem dicken Moospolster im Wald. Die Sonne war vor kurzem aufgegangen und warf ihre noch golddurchsetzten Strahlen zwischen die hoch aufragenden, locker stehenden Baumstämme. Es war Sommer. Ein frischer Geruch nach Gras und Moder lag in der noch kühlen Morgenluft.

Ich hatte keine Ahnung, wie ich hierhergekommen war. Die Gegend war mir unbekannt und die Unterholzstauden boten keinen weiten Ausblick. Zunächst erhob ich mich und blickte mich unschlüssig um. Um mich war nur Wald. Es war nicht der übliche kultivierte Forst, sondern eine natürliche Mischung aus verschiedenen Baumarten. Einzelne Stämme waren umgestürzt und zum Teil bereits von Moos und Brombeerstauden überwuchert. Hier hatte schon lange keine menschliche Hand mehr eingegriffen, wenn es überhaupt eine solche hier je gegeben hatte.

Zwischen hohem, seidigem Rispengras ging ich eine leichte Senke hinunter und traf dort auf ein Bächlein. In unregelmäßigen Mäandern schlängelte es sich glucksend und klar durch den Waldboden. Ich beschloss, seinem Lauf nach unten zu folgen. Das üppige Grün rundum machte es mir nicht immer leicht, doch ich fühlte mich ausgeruht und vom ständigen Gesang der Vögel begleitet.

Plötzlich war mir, als hätte ich einen Laut gehört, der nicht zu den Vögeln passte. Tatsächlich, jemand sang. Es war eine dunkle Frauenstimme. Sie ertönte aus der Richtung, in die ich ohnedies unterwegs war. Neugierig ging ich darauf zu.

Wir sahen einander fast gleichzeitig. Das Singen verstummte. Es war von einer jungen Frau ausgegangen. Mehr erstaunt als neugierig sah sie mir entgegen und blieb stehen. In einer Hand trug sie ein Körbchen. Während ich weiterging, stellte ich fest, dass ihre Kleidung irgendwie ländlich war, jedenfalls schlichter und nicht so modebetont, wie ich es kannte.

Ich grüßte mit einem freundlichen „Hallo", das sie ebenso freundlich, aber immer noch erstaunt erwiderte. Sie musterte mich während meiner Annäherung eingehend von oben bis unten und versuchte sich offenbar auf mein Erscheinen einen Reim zu machen. Weil ihr das aber anscheinend nicht gelang, stellte sie fest: „Aus dieser Richtung ist aber noch nie jemand zu uns gekommen!"

„Zu euch?", griff ich ihre Bemerkung auf, „bist du denn nicht allein hier?" Währenddessen war ich vor der Frau stehen geblieben und bemerkte, dass sie barfuß war. In ihrem Körbchen befanden sich frische Kräuter.

„Nur im Moment bin ich allein", antwortete sie. „Ich gehöre zu dem Dorf da unten und hole frische Wildkräuter für das Frühstück mit meiner Familie! Aber wie kommst du hierher?"

Ihre Frage brachte mich beinahe in Verlegenheit. „Das wüsste ich selbst gerne!", antwortete ich dann wahrheitsgemäß. „Ich bin im Wald aufgewacht und habe immer noch den Eindruck, schlecht geträumt zu haben. Keine Ahnung, wie ich hierherkomme und wo ich überhaupt bin!"

„Aber du musst doch zumindest wissen, wo du vorher warst!" warf sie ein und stellte dann so ungeschminkt, wie sie selbst war, fest: „Irgendetwas an dir ist sehr eigenartig! Wie die Gegend, aus der du kommst!"

„Ich komme aus einer eigenartigen Gegend?" war nun ich verwundert. „Das könnte stimmen. Woran ich mich erinnern kann, ist so eigenartig, dass ich es dir gar nicht zu erzählen wage. Du hältst mich dann sicher für verrückt."

„Versuche es einfach", lud sie mich ein.

Ich suchte nach Worten. „Also, da war so ein komisches Schloss in den Wolken, und ein Drache..." Ich hielt inne und wartete ab, wie sie auf diesen Anfang reagieren würde.

Die Frau runzelte aber nur ein wenig die Stirn. „Schloss? Drache?" wiederholte sie sinnend. „Sehr, sehr eigenartig!" Sie sagte es leise und keineswegs so, als hätte ich etwas völlig Absurdes geäußert.

„Was ist?", drängelte ich, „du scheinst gar nicht sehr überrascht zu sein!"

„Nicht sehr", bestätigte sie. „Da hinten ist das Sagenland. Man sagt, dass es da immer noch ein Schloss gibt irgendwo hoch oben, und ein Drache soll dort früher einmal alles zerstört haben. Aber niemand von uns geht hin. Wir achten die Schutzzone."

„Schutzzone?", war ich alarmiert. „Es ist also bekannt, dass es dort gefährlich ist!"

Die Frau sah mich aus großen Augen verwundert an. „Gefährlich? Nicht dass ich wüsste! Die Wesen dort sind noch ein wenig menschenscheu und wollen sich erst an uns gewöhnen. Darum haben wir ihnen eine Schutzzone geschenkt, damit sie möglichst ungestört sein zu können!"

„So etwas gibt es?", kam auch ich aus dem Wundern nicht heraus.

„Du bist aber seltsam! Kommst direkt aus dem Sagenland und weißt das alles nicht? Wie bist du dann dort hingeraten?"

„Genau das ist das Unerklärliche! Da war ein Schloss ganz aus Wolken und ein kleiner Elefant und ein König und eine Weltverschwörung…", zählte ich auf, was mir in den Sinn kam.

„Weltverschwörung?" griff die Frau auf. „Meinst du die Zeit, als einzelne Menschen meinten, durch heimliche Wühlarbeit ihre Macht über die ganze Erde ausüben zu können?"

„Richtig, das ist es!" rief ich halb erleichtert aus, weil die Frau von allem, was ich ihr sagte, eine Ahnung zu haben schien.

Nun sagte sie allerdings nichts. Neuerlich maß sie mich von oben bis unten. „Allmählich verstehe ich," sagte sie dann leise, „dann bist du also auch so ein Zeitreisender?"

Es kam halb fragend und ich verstand gar nichts. „Ein Zeitreisender?" wiederholte ich verständnislos. „Wie kommst du darauf?"

„Das Ende der Zeit, von der du zu sprechen scheinst, liegt hunderte Jahre zurück!", klärte die Frau mich auf. „Seither gibt es keine Kriege mehr. Wir lernen aber immer noch darüber, um in Erinnerung zu behalten, dass unser friedliches Leben nicht selbstverständlich ist." Sie gab sich einen Ruck. „Das können wir nicht alles hier im Stehen besprechen. Die Familie wartet auf das Frühstück und ich selbst bekomme auch schon Hunger. Komm doch mit ins Dorf. Wir haben dort zufällig einen Gast, der ganz offen von sich sagt, er könne durch die Zeit reisen. Darum kannst auch du mich nicht mehr sonderlich überraschen."

Das Angebot, mitzukommen, nahm ich gerne an. Ich ging neben ihr her, während sie sich immer wieder nach einer Pflanze bückte, sie vorsichtig abriss und behutsam in das Körbchen legte. „Ein paar pflücke ich auch für dich. Vielleicht schmeckt dir unser Frühstück", bemerkte sie dabei. „Soweit ich von der damaligen Zeit weiß, habt ihr noch sehr viel Fleisch gegessen. Damit haben wir gänzlich aufgehört."

Unterwegs erfuhr ich von der Frau, dass sie Anna heiße. Hin und wieder kämen Leute in ihr Dorf, um sich das Leben dort anzusehen. Auch sie sei aus einer großen Stadt hierhergezogen. Weil ihr das einfache Leben hier so gefallen habe, sei sie hiergeblieben. Nun würden in dem Wohnblock, wo sie gewohnt habe, die ersten Bäume wachsen. Dies sei Teil eines Programms, bei dem man es der Natur überlasse, sich ihre einstigen Gebiete zurückzuholen.

Anna plauderte offenbar gerne und verhielt sich mir gegenüber so offen, als würde sie mich schon lange kennen. Sie schien gar nicht auf die Idee zu kommen, dass mir vieles, was sie ansprach, völlig unbegreiflich war.

Indessen zeigte sich entlang des Bächleins, dem wir immer noch folgten, ein schmaler Pfad, der bald breiter wurde und erkennen ließ, dass hier öfter Menschen unterwegs waren. Die bisherige Senke weitete sich zu einem flachen Tal, wo sich der Wald immer mehr lichtete. An einige Stellen war die Erde bearbeitet und es wuchs Gemüse darauf.

„Das sind unsere Gärten", erklärte Anna, als sie merkte, dass mir das auffiel. „Wir bauen unser Essen möglichst naturnahe an. So sind die Pflanzen nahrhafter und es gibt kaum Schädlinge. Die Natur arbeitet für uns, je mehr wir ihr vertrauen."

In das Vogelzwitschern, das immer noch zu hören war, mischte sich ein fernes Kinderlachen. Es war nicht ein einzelnes Kind. Eine ganze Gruppe schien sich köstlich zu amüsieren. Dann sah ich das erste Haus. Fast hätte ich es nicht bemerkt. Es war zur Hälfte in die Erde gebaut, hatte ein Grasdach und doch viele Fensterflächen. Trotz seiner geringen Ausmaße wirkte es gemütlich. Ein Fußweg führte durch den Rasen dorthin, und nun merkte ich erst, dass wir das Dorf schon erreicht hatten. Nur noch wenige Bäume standen auf einer wiesenhaften Fläche, die mit Gemüsebeeten und Blumen durchsetzt war, und locker angeordnet standen dazwischen hüttenähnliche Bauwerke von ähnlicher Machart wie das erste Haus. Nur ein Gebäude war etwas größer. Es war ein jurtenähnlicher Rundbau, und in seiner Nähe merkte ich die Kinderschar, die ich schon gehört hatte. Sie hatte ihren Spaß an zwei Schaukeln, die an Baumästen befestigt waren, und unweit dahinter glänzte eine Wasserfläche in der frühen Vormittagssonne. Es war ein kleiner See, der von dem Bächlein, das uns hergeführt hatte, gespeist wurde.

Vor der Jurte standen etliche Tische mit Sitzgelegenheiten, an denen schon einige Leute verschiedenen Alters saßen. Anna ging mit mir darauf zu, grüßte freundlich nach allen Seiten und wurde gegrüßt.

„Ich habe einen Gast mitgebracht", stellte sie mich vor. „Er kommt aus dem Sagenland oder von noch weiter her. Ich hoffe, er wird es uns selbst erzählen. Aber zuerst kommt das Frühstück." Sie stellte ihr Körbchen auf einen Tisch, auf dem wie auf einem Buffet angerichtet schon andere Körbchen mit Obst, Gemüse, Gebäck und Aufstrichen standen. Sie richtete daraus eine Auswahl auf einem Teller zusammen, schmückte ihn mit einigen der Kräuter und Blüten, die sie gesammelt hatte, und überreichte ihn mir. „Hier, dies ist meine Empfehlung für dich als Gast. Komm, wir setzen uns an einen Tisch."

Sie stellte auch für sich einen Teller zusammen und ich folgte ihr an den Tisch, an dem gerade noch Platz für uns zwei war. Hier saßen schon acht Menschen von jugendlich bis alt, männlich und weiblich, und alle erwiderten freundlich auch meinen Gruß und sahen mich mit Interesse und gleichzeitig Wohlwollen an.

„Meine Familie!", sagte Anna und wies in die Runde.

„Was, so groß ist deine Familie?" staunte ich.

Sie lachte. „Ach, das ist doch nur ein kleiner Teil. Das ganze Dorf ist eine Familie. Wer mag, kommt zum gemeinsamen Frühstück zum Gemeinschaftshaus, und jeder bringt etwas mit. Darum war ich schon um die Kräuter. Gleichzeitig meine Morgenmeditation."

„Und wer regelt das, dass es so gut funktioniert?" fragte ich leichthin.

Diesmal trafen mich die verwunderten Blicke des ganzen Tisches.

„Niemand muss das regeln", gab dann Anna zur Antwort. „Jede und jeder tut, wonach ihm zumute ist. Kommt zum Frühstück oder isst zu Hause. Hat einmal nichts mit oder bringt nur etwas vorbei. Kennst du es denn anders?"

„Sehr viel anders", musste ich eingestehen. „Die meisten solcher Selbstregelungsversuche haben sich totgelaufen. Sie funktionieren bei uns nur so lange, als sich alle daran halten, und bald findet sich jemand, der sie ausnützt. Das tun dann immer mehr, und selbst die, die durchhalten wollen, müssen irgendwann aufgeben."

„Eigenartig", stellte ein junges Mädchen fest, „das klingt ganz nach dem Input, den ich mir vor kurzem vom Transmitter geholt habe. Es war eine Beschreibung der Welt von damals. Sie funktionierte nur mit Strafen, Regeln und Vorgaben. Da hat jeder nur für sich gesorgt und war unglücklich."

„Und das gibt es hier nicht mehr?", kam ich aus dem Staunen nicht heraus, das offenbar gegenseitig war.

„Hier im Dorf sicher nicht", schränkte das Mädchen ein. „Zumindest nicht, dass ich von einem unglücklichen Menschen hier wüsste. Und wenn es vorkäme, wäre es auch keine Tragödie."

„Was würdet ihr dann tun?" wollte ich wissen.

Das Mädchen zuckte mit der Schulter. „Ich würde vorerst wahrscheinlich nichts tun. Schließlich weiß ich ja nicht, was den anderen zu diesem Verhalten bewegt. Für mich wäre wichtig, mich nicht von dem abhalten zu lassen, was für mich selbst stimmig ist. Und vielleicht würde ich diesen Menschen einmal fragen, was ihn bedrückt, dass er sich aus der Gemeinschaft zurückzieht. Wenn er bei dieser Entscheidung bleiben will, würde ich es respektieren."

Das Frühstück dauerte sehr lange. Was ich dabei erfuhr, war so wundersam wie das Dorf, in das ich gelangt war. Die Menschen lebten hier nach einem Grundprinzip, das sich schon aus den wenigen Sätzen des Mädchens abgezeichnet hatte. Es ging immer wieder um Respekt und Mitgefühl. Niemand war verpflichtet, etwas zu tun, aber frei, zu tun, was er wollte. Einziger Antrieb schien das Wohlfühlen zu sein, doch niemand fand anscheinend sein Glück darin, nur für sich selbst zu sorgen. Wichtig war, einen Beitrag für jemand anderen leisten zu können, und das musste nicht unbedingt ein Mensch sein. Darum wurde jede einzelne Pflanze geehrt, nur so viel davon verwendet, wie gebraucht wurde und jedes Haus in Übereinstimmung mit der Natur errichtet. Dennoch musste dabei niemand auf Komfort verzichten. Soweit die verwendeten Materialen nicht direkt der Natur entnommen wurden, waren sie wiederverwertbar.

Die gegenseitige Achtsamkeit wurde bereits mit der Geburt kultiviert. Nicht nur die Eltern waren für ihr Kind verfügbar, sondern auch die übrigen Dorfbewohner kümmerten sich darum wie um ihr eigenes. Die Erziehung erfolgte nicht nach Vorgaben, sondern durch Unterstützen der Neigungen des Kindes. So war es jedem möglich, am eigenen

Interesse zu lernen. Dies setzte sich auch in der schulischen Ausbildung fort. Statt Druck, sich etwas Bestimmtes anzueignen, erfolgten Anregungen, was das Führen eines selbstbestimmten Lebens begünstigen konnte. Daraus resultierte dann auch die Tätigkeit im späteren Leben. Es galt nicht, zu arbeiten, sondern das zu tun, was sich selbst und der Gemeinschaft die meiste Freude bereitete. Daraus ergab sich, dass die unterschiedlichen Fähigkeiten von jedem ausgelebt und dort eingesetzt werden konnten, wo sie gebraucht wurden, auch wenn das etwa nur im Musizieren oder Meditieren bestand. Dennoch wurden undichte Dächer ebenso gerne repariert wie das Gemüse betreut, geerntet und auf den Tisch gebracht sowie Kinder und Alte versorgt, und wer seine Kapazität im eigenen Dorf nicht zur Wirkung bringen konnte, war für die größere Region verfügbar oder betätigte sich überhaupt an einem Fernarbeitsplatz. Das Zusammenleben war darauf aufgebaut, sich gegenseitig zumindest mit Aufmerksamkeit zu beschenken, die Würde jedes Einzelnen zu respektieren und für die unverhohlene Ehrlichkeit des anderen auch dann dankbar zu sein, wenn sie nicht mit den eigenen Vorstellungen übereinstimmte.

Geld spielte nur eine nachgeordnete Rolle. Manchmal war es sinnvoll, unterschiedliche Leistungen damit auszugleichen, doch nicht dazu gedacht, es anzuhäufen. Es gab nur eine bestimmte Menge davon im Land, und wenn es nicht bald ausgegeben und somit im Umlauf gehalten wurde, verlor es an Wert. Wer diesen bewahren wollte, konnte jemand beispielsweise für eine größere Anschaffung einen Kredit gewähren, der nur zinsenlos zurückzuzahlen war. Im Monat stand jedoch jedem Bewohner unabhängig von seiner Tätigkeit die Summe zu, die zur würdevollen Abdeckung seiner Lebensansprüche ausreichte, weil davon ausgegangen wurde, dass jeder Mensch allein durch sein Sein einen Beitrag für die Gemeinschaft leistete.

Vorrangig war der Gedanke des Schenkens. Nicht die Erwartung einer Gegenleistung führte zu einer Handlung, die einem anderen nützlich war, sondern einfach das Bestreben, Freude zu bereiten. Wenn jemand etwa ein Möbelstück brauchte, so bekam er es als Geschenk. Die Freude darüber ließ sich dadurch weitergeben, dass jemand anderem ein Dienst erwiesen oder etwas geschenkt wurde, und am Ende bekam derjenige, der ursprünglich das Möbelstück hergestellt hatte, seinen Ausgleich durch jemand ganz anderen, der ihm etwas Erfreuliches zukommen ließ.

Für mich, der mit dem Gedanken groß geworden war, dass es Geld nur für Leistung gab und jeder auch nur für seine Leistung entlohnt werden sollte, bereitete dieser Zugang enorme Schwierigkeiten. Das verwunderte wiederum die Leute am Tisch, die in der Zwischenzeit immer mehr geworden waren. Für sie war klar, dass nicht Besitz und Geld, sondern nur der Dienst an anderen wahres Lebensglück bringen konnte. Zu erfühlen, was jemand brauchte, um sich als individuelles Wesen erkannt und anerkannt zu fühlen, und ihm das zuzugestehen, soweit es das eigene Glücksgefühl nicht beeinträchtigte, schien genau die Gratwanderung zu sein, die mir praktisch nicht vorstellbar war. Doch ich merkte an mir selbst, wie wohltuend es war, dass ich so, wie ich war, respektiert und verstanden wurde. Ich fühlte mich wohl dabei, die üblichen Lebensumstände in meiner üblichen Welt zu schildern. Die interessierten zwar alle, aber niemand schien große Lust zu haben, sie hautnah zu erleben.

Mich interessierte, wie sie denn das Transport- und Energieproblem gelöst hätten. Ich sah nirgends Straßen oder Fahrzeuge und die Häuser schienen alle mit der für sie notwendigen Energie versorgt zu sein. Ein älterer Mann lächelte. „Ich weiß, was du ansprichst. Für euch war die Schwerkraft eine unerklärliche Energie. In der Zwischenzeit können wir sie wie jede Energie umwandeln und nutzen. Darum haben wir in unserem Dorf ein paar Flugtransportgeräte stationiert, die uns die Straßen ersparen. Es sind Leihgeräte für alle, die erforderlichenfalls nur für eine Richtung verwendet werden können und dann am Ziel verbleiben, wo sie für den nächsten Bedarf genützt werden können. Auf diese Art sind sie viel besser ausgelastet und bei Lieferungen gibt es keine Leerfahrten zurück, aber sie können auch automatisch fliegen. Mit einer sorgsamen Abstimmung hält sich die Verkehrsdichte in Grenzen. Und für die Energie im Haus sorgt immer noch die gute alte Sonne wie aus uralter Zeit. Wir können sie nur viel effizienter speichern und daher unseren Bedarf durchgehend abdecken."

Alles klang rund, was ich erfuhr, und alles wirkte authentisch. Alt stand oder saß neben Jung. Hier schien es keinen Generationskonflikt zu geben, hier musste anscheinend niemand die Sorge haben, im Alter allein und unversorgt dazustehen oder sich unverstanden zu fühlen.

„Ist es nun auf der ganzen Erde so harmonisch wie bei euch hier?", drängte sich in mir die Frage hoch.

Ein anderer Mann mittleren Alters wiegte den Kopf. „Na ja, nicht ganz so. Wir haben uns hier zusammengefunden, weil wir das naturverbundene Leben besonders schätzen. Anderswo gibt es noch große Städte für diejenigen, die mehr den Trubel und die Technik lieben. Aber auch dort ist das Leben gegenüber vergangenen Zeiten in Summe ruhiger geworden. Jeder kann das Plätzchen finden, das ihm behagt."

„Und Streitigkeiten, Konflikte oder gar Verbrechen gibt es nicht mehr?", wollte ich wissen.

Diesmal antwortete mir Anna: „Ganz auszuschließen sind sie nicht. Wer sich ärgert, darf sich ärgern, und derjenige, dem etwas nicht passt, wird am schnellsten damit fertig, wenn er es ausdrückt. Es ist immer wichtig, selbst zu wissen, wie ich mich gerade fühle oder was ich brauche und es auch den anderen wissen zu lassen. Das vermeidet sehr viele Missverständnisse und kaum etwas muss sich so weit aufschaukeln, dass einem anderen wirklich weh getan wird. Dabei hilft sehr die Einstellung, dass niemand von uns die ganze Wahrheit kennt. Immer ist das, was ich kenne, nur ein Teil der Wahrheit, und jeder andere kennt einen anderen. Aber zusammen überblicken wir mehr von der Wahrheit, wenn wir jedem die seine lassen."

„Wie geht ihr mit Krankheiten um?", forschte ich weiter.

„Krankheit ist ein Zeichen von Disharmonie, egal ob sie im Körper, im Denken oder in der Gesellschaft ist. Wir achten auf diese Botschaft, weil sie unseren Blick auf das Problem lenkt, das wir sonst nicht bemerken würden. Niemand von uns ist immer völlig ausgeglichen, und jeder von uns ist mit einer Aufgabe hergekommen, die ihm oft gar nicht bewusst ist. Sie wird einfach dadurch erfüllt, dass jeder sein Leben lebt, so gut es ihm möglich ist. Es ist ohnedies in jedem Augenblick einzigartig, und jeder Mensch trägt mit seinem bewussten Erleben eben auch einer Krankheit dazu bei, dass seine Erfahrungen von einem anderen nicht mehr erlebt werden müssen, weil sie Teil des Kollektivbewusstseins geworden sind. Das ist der Dienst, den wir einander leisten. Darum sind wir dafür dankbar, dass jeder so ist, wie er ist, egal wie er auch mit Krankheit umgeht", antwortete eine weitere Frau.

Es klang nach Paradies. Gerade deshalb merkte ich, dass etwas in mir der schlichten Annahme dessen, was ich gehört hatte, widerstrebte.

Mit einem feinen Lächeln sah mir Anna direkt in die Augen und sagte: „Du bist selbst ein Beispiel dafür. Ich spüre sehr wohl, wie schwer du dir damit tust, uns zu glauben. Schon bei unserem Zusammentreffen habe ich begriffen, dass du aus einer anderen Zeit bist. Du kennst Dinge, die wir nicht kennen, und du hast Aufgaben, die wir nicht haben. Darin liegt deine Einzigartigkeit. Gerne kannst du hier so lange bleiben, wie du willst. Aber du bist nur ein Botschafter. Die Vergangenheit hat dich ebenso wenig losgelassen wie du sie. Sie ruft dich. Die Lücke in deinem Gedächtnis lässt dich nicht zur Ruhe kommen."

Sie hatte es rascher erfasst als ich. Ich wusste, dass ich hier nicht bleiben konnte. Dumba fiel mir ein. Ich wollte mich nicht damit abfinden, sie im zusammenstürzenden Schloss verloren zu haben. Dort war etwas noch nicht abgeschlossen.

„Habt ihr eine Idee, wie ich den kleinen Elefanten wieder finden könnte?", fragte ich in die Runde, die meine Geschichte bereits kannte.

Sie begannen, untereinander zu diskutieren. Auf den ersten Blick schien es naheliegend, einfach wieder ins Sagenland zurückzugehen, wo es zumindest ein Schloss und einen Drachen geben sollte, aber von einem kleinen weiblichen Elefanten mit Flugohren hatte niemand etwas gehört. Da das Schloss in meiner Erzählung jedoch zerstört worden war und noch dazu aus scheinbaren Wolken bestanden hatte, war offen, ob jenes im Sagenland damit überhaupt im Zusammenhang stand. Außerdem gab es da diese Sache mit der sogenannten Schutzzone. Die Menschen hatten versprochen, sie nicht zu verletzen. Ansonsten hielten sie es für ein Leichtes, eines ihrer verfügbaren Fluggeräte für eine Erkundung einzusetzen.

„Aber wir haben doch noch einen zweiten Gast bei uns im Dorf!" erinnerte sich jemand. „Erstaunlich, dass Daria noch nicht längst da ist. Sagte sie nicht, dass sie sich auf das Zeitreisen versteht? Vielleicht hat sie einen Rat!"

Sogleich ging ein junger Mann weg, um sie zu suchen, und bald kam er mit einem hoch gewachsenen Wesen zum inzwischen recht belebten Gemeinschaftsplatz zurück.

Ich erkannte es sogleich wieder. Es gehörte zu der Abordnung des Geheimen Rates, die den König im Schloss aufgesucht hatte, und dass es eine Frau war, ergab sich auch jetzt nur aus ihrer damaligen Vorstellung. Sie trug noch immer den silberfarbenen Anzug, und mit ihren großen, überdimensionalen Augen, die keine Lider zu haben schienen, blickte sie emotionslos in die Runde.

Von ihrem Auftauchen war ich nicht nur überrascht, sondern auch ein wenig beunruhigt. Den Sturz der gesamten Weltordnung durch geheime Verschwörer hatte ich nicht als sonderlich edles Ziel empfunden, und dass diese angebliche Anunnaki mit solchen Absichten den Weg in dieses friedliche Dorf gefunden hatte, behagte mir gar nicht. Dessen Bewohner schienen aber keinen Argwohn zu empfinden und verhielten sich ungezwungen und vertrauensvoll. Ich konnte davon ausgehen, dass ich im Wolkenschloss mit Dumba unsichtbar geblieben war, und beschloss, mein Wissen für mich zu behalten. Doch ich hatte mich getäuscht.

„Du kennst mich", stellte Daria mit ihrer hohen, sirrenden Stimme fest, und sah mich starrend wie ein Roboter von oben her an, „woher kennst du mich?"

„Ich kenne dich?" gab ich zurück und wollte auf ihre Frage nicht eingehen.

„Du kennst mich", wiederholte sie. „Ich lese es in deinen Gedanken."

Ich fühlte mich ertappt und spürte einen kalten Schauer über meinen Rücken kriechen. Wenn sie meine Gedanken lesen konnte, kam ich mir irgendwie ausgeliefert vor.

„Ich kenne nur Gedanken", erklärte Daria. „Auf Nibiru haben wir uns nur auf das Denken und die Logik verlegt. Darum seid ihr Menschen schon seit vielen Jahrtausenden so interessant für uns. Ihr könnt auch fühlen. Davon verstehen wir nichts. Ich bin hier, um dieses Phänomen zu studieren."

„Und darum ging es dir auch, als du als Mitglied der Abordnung des Geheimen Rates den König im Wolkenschloss besucht hast?" Wenn sie schon meine Gedanken lesen konnte, wollte ich nicht lange herumreden und legte mein Wissen etwas provokant auf den Tisch.

Sie dachte keine Sekunde lang nach. „Ach, das meinst du. Das ist aber schon sehr lange her. Ich könnte aber auch sagen, ich habe mich in die Zukunft begeben. Hier sehe ich, dass die Weltverschwörung gescheitert ist. Hier ist alles nach eurer Zeitrechnung mehr als dreihundert Jahre später. Damit weißt du auch schon, wo du bist." Ihre Stimme war monoton wie die eines Computers und ihre Gedächtnisleistung schien ähnlich zu sein. Außerdem hatte sie offenbar mein Anliegen schon erfasst und sprach weiter: „Aber ich weiß nicht, wie du hierhergekommen bist. Da du es selbst nicht weißt, kann ich es auch nicht in deinen Gedanken lesen. Du musst den Weg zurückgehen."

„Den Weg zurück? Wie soll ich einen Weg zurückgehen, den ich nicht kenne?"

„Geh durch den Nebel", sagte Daria. „An ihn kannst du dich erinnern. Alles Weitere wirst du dort erfahren."

Die Umstehenden hatten interessiert zugehört. „Ich glaube, ich kann dir weiterhelfen", meldete sich eine sehr alte Frau. „Als das Sagenland noch nicht Schutzzone war, erzählten schon meine Großeltern von einem hohen Berg, dessen Spitze aus dem Nebel ragte. Doch es konnte niemand hinaufgelangen. Der Weg dorthin war im Nebel nicht zu finden. Vielleicht hat sich daran etwas geändert. Ich habe Kontakt zu einem sehr weisen Wesen, das im Sagenland lebt und Vertrauen zu mir gefunden hat. Ich werde es befragen."

Zu meiner Überraschung schloss die Frau die Augen und sank im Sitzen etwas mehr in sich zusammen. Alle Gespräche verstummten. Sogar Daria stand bewegungslos da. Ihr ausdruckloses Gesicht, das immer ohne Mienenspiel blieb, ließ keinen Rückschluss zu, was sie dachte, aber sie schien den Vorgang mit großem Interesse zu verfolgen.

Geduldig warteten alle, bis sich die alte Frau mit einem tiefen Atemzug wieder aufrichtete. „Es stimmt", bestätigte sie. „Es gibt den Berg und den Nebel. Aber es steht seit kurzem ein Schloss darauf. Ein König wohnt darin und noch ein paar Leute. Sie wollen mit den Naturwesen dort nichts zu tun haben und hängen in der Vergangenheit fest. Und einen Drachen gibt es auch. Doch den Weg ins Schloss findet nur, wer ihn nicht sucht."

Ein leises Murmeln entstand unter den Anwesenden. Den Weg findet nur, wer ihn nicht sucht?

Die Frau sprach nach kurzer Pause weiter: „Mit Denken lässt sich die Lösung nicht finden. Nur durch Gehen. Und Vergessen, was das Ziel war." Sie wandte sich direkt an mich. „Wenn du nach fünf Stunden nicht die Hütte der Zauberin gefunden hast, kehre um und komm hierher zurück. Sonst gelangst du nirgendwo hin. Du kannst es dir aber auch noch überlegen und hierbleiben, bis du sicher bist, dass du ins Schloss willst. Ansonsten solltest du sehr bald gehen."

Dadurch war es ein sehr kurzer, aber inniger Abschied. Innerhalb eines einzigen Vormittags war ich mit den Menschen hier vertraut geworden, und Daria gestand mir im Weggehen, dass sie nicht alle Gedanken lesen könne, sondern nur diejenigen, die ihr als konflikthaft auffielen. Anna sagte, sie wolle noch einmal nach ihren Kräutern sehen. Sie begleitete mich bis kurz vor die Stelle, wo wir einander am Morgen begegnet waren. Dort umarmten wir uns wie alte Bekannte und ich ging allein weiter, diesmal bergan durch den Wald, in dem ich aufgewacht war, und einem unklaren Ziel entgegen.

Das tiefe Tal, in das ich auf der anderen Seite des Hügels gelangte, bot mir keinen anderen Weg an als den Weg nach vorne. Dann war auf einmal die Hütte da. Von den Strahlen der Nachmittagssonne freundlich beschienen, duckte sie sich unter mächtige Fichten, die eine kleine Waldlichtung umstanden. Sie kam mir bekannt vor. Wenn ich als Kind das Märchen von Hänsel und Gretel gehört hatte, war das Knusperhäuschen der Hexe vor meinen Augen gewesen. Hier stand es nun.

Bevor ich noch an die niedrige Eingangstür klopfen konnte, hörte ich von innen ein „Komm herein!"

Die winzigen Fenster des einzigen Raumes, den die Hütte aufwies, ließen nur wenig Licht herein. Im Halbdunkel sah ich eine uralte Frau am Tisch sitzen, eine Krähe auf der einen Schulter, eine Katze auf der anderen und ein Kristallglas vor sich. Märchenhafter oder kitschiger hätte der Anblick nicht sein können.

Mein Gruß wurde nicht erwidert. Ich hörte nur ein knappes „Ich habe dich erwartet." Als wollte sich die Frau mit mir gar nicht erst beschäftigen, stand sie auf und schlurfte gebrechlich an den Herd, in dem ein Feuer knisterte. Aus einem Topf, in dem etwas vor sich hingeköchelt zu haben schien, goss sie etwas Dampfendes in ein irdenes Gefäß und reichte es mir, ohne mir ins Gesicht zu sehen. „Hier, der Trank des Vergessens!"

Das Gefäß war heiß. Dem Gebräu darin entströmte ein eigenartiger Geruch. Ich zögerte.

„Trink!", forderte sie mich auf.

„Was ist das?", fragte ich unsicher.

„Ich sagte es schon", keifte sie ungeduldig, „der Trank des Vergessens. Du bist ein Mensch und du bist schon seit einer Weile im Sagenland. Ihr habt versprochen, dass es uns gehört, nachdem ihr uns über viele Jahrhunderte ignoriert oder als kindliche Hirngespinste verspottet habt. Warum störst du uns? Zuerst müsst ihr beweisen, dass ihr es ernst meint mit der Versöhnung. Dann können wir die alten Bande, die es früher gegeben hat, vielleicht wieder knüpfen." Sie ließ sich in ihren Lehnsessel sinken und starrte vor sich auf die Glaskugel, während Krähe und Katze sich wieder häuslich auf ihren Schultern einrichteten.

Ich kostete vorsichtig. Das Zeug schmeckte bitter.

„Du willst zurück", sprach sie, ohne aufzusehen, „doch du kannst nicht zurück. Niemals kommst du in eine Zeit zurück, die es schon gegeben hat. Erinnerung ist nur das, was du noch von der Vergangenheit weißt, aber nicht das, was du tatsächlich erlebt hast. Was du für die Vergangenheit hältst, ist nur die neue Gegenwart. Solange du das nicht begriffen hast, hindert dich die Vergangenheit, die Gegenwart wirklich wahrzunehmen. Darum musst du alles vergessen, was du zu wissen glaubst. Nur dann findest du den Weg zum Schloss. Denn du wirst auch vergessen, dass du den Weg nicht kennst."

Ich nippte noch einmal und die alte Frau schwieg. Sie schwieg beharrlich. Als ich den Becher geleert hatte, schwieg sie noch immer. Ich schien für sie nicht mehr da zu sein. Unschlüssig stellte ich den Becher ab und ging.

Wohin ich ging, weiß ich bis heute nicht. Aber Bäume waren da. Und Blumen. Sie standen links und rechts vom Weg, der kein Weg war. Aber ich ging ihn zwischen ihnen hindurch. Schemenhaft glaubte ich hinter Baumstämmen oder in Wurzelhöhlen Wesen zu erkennen, die Feen, Elfen und Zwerge sein konnten. Einmal meinte ich sogar sicher zu sein, dass ein Einhorn neugierig mein Vorbeigehen beobachtete. Sie staunten, dass da ein Mensch war, der nicht wusste, wohin er ging, sondern nur wusste, dass er ging, und der sah, was sie waren: Wesen, die staunen konnten. Ich staunte selbst, dass ich staunte. In diesem Staunen verschwammen die Konturen und lösten sich in einen schleierhaften Nebel auf. In ihm vergaß ich, dass ich selbst ein Nebel war.

Irgendwann war der Nebel wieder da und ich mit ihm. Ich ging. Ich ging im Nebel. Aber ich schien dabei höher zu gelangen. Allmählich wurde es heller vor mir, und dann war es, als würde ich wie beim Wandern im Gebirge durch die Nebelgrenze stoßen. Die Sonne schien und ein steiler, felsiger Berg stand vor mir wie eine Pyramide. Er überragte das Meer von Nebel, von dem er umgeben war.

Was ich für die Spitze des Berges gehalten hatte, war kein Berg. Es war ein Schloss mit einem hohen, spitzen Turm in der Mitte, und seine in Stein belassenen Mauern hatten sich von weitem vom Berg nicht unterschieden. Wie es sich für ein Schloss gehörte, führte das letzte, weniger steile Stück dorthin als gepflasterter Weg auf das Einfahrtstor zu. Ein Flügel stand halb offen, und davor hockte etwas, was ich schon einmal vor einem Schloss hocken gesehen hatte.

„Na endlich bist du da!", rief es mir fröhlich entgegen und freute sich offenbar an meiner Überraschung.

Ich konnte es nicht fassen. „Dumba!", rief auch ich. „Bin ich froh, dass du da bist! Wie konntest du mich nur verlassen?"

„Ich dich verlassen?", gab sie ungerührt zurück. „Ich war doch immer in deiner Nähe! Doch ich kann nicht verhindern, dass du etwas anderes träumst."

„Kannst du mir erklären, wo ich bin? Dies ist doch nicht das Wolkenschloss, wie ich es kannte!"

Dumba schüttelte mit gespieltem Vorwurf den Kopf. „Fängst du schon wieder damit an? Nach all dem Unerklärlichen, das du in der Zwischenzeit erlebt hast, soll ich dir nun alles erklären? Es ist aber immer noch das Wolkenschloss, in dem wir uns befinden. Du hast doch schon bemerkt, dass es sich je nach dem, was du tatsächlich erwartest oder befürchtest, laufend verändert! Und damit ist es nur eine häufige Form der Realität. Wie du damit umgehst, hängt immer von deiner Entscheidung ab. Du kannst diesen Traum vergessen oder eine neue Auffassung vom Leben bekommen. Du kannst jederzeit aufwachen und einen neuen Traum träumen. Und du kannst dich darauf besinnen, was du mit deinem Herkommen erreichen wolltest!"

Ich musste eine Weile nachdenken. „Eigentlich wollte ich nur bestätigt haben, dass es dir gut geht", sagte ich dann leise. „Ein bisschen hatte ich auch ein schlechtes Gewissen, nur noch auf mich geachtet und dich im Chaos verloren zu haben."

Dumba nickte verständnisvoll. „Oh ja. Das ist eine sehr menschliche Haltung. Manchmal nützt sie, manchmal behindert sie."

„Wie kann eine solche Haltung behindern?" wunderte ich mich.

„Sie kann andere auch klein halten", antwortete Dumba ernster, als ich es erwartet hatte. „Du sprichst ihnen möglicherweise die Fähigkeit ab, für sich selbst sorgen zu können. Aber wann was zutrifft, musst du für dich selbst herausfinden. - War das das Einzige, was du wolltest?"

Wieder dachte ich nach und fand bald die Lösung. „Am liebsten würde ich einfach weiterträumen. Ich mag nicht nachdenken, wie es weitergehen soll. Ich will spüren, wie es weitergeht."

„Abgemacht", stimmte Dumba zu, „ab sofort gebe ich deine Führung durch das Wolkenschloss auf, die ich diesmal noch gar nicht angetreten habe. Übernimm für dich die alleinige Verantwortung. Finde deinen Weg selbst, wie du auch selbst den Weg zu mir schon zweimal gefunden hast. Ich werde hier auf dich warten. Doch bedenke: ab jetzt bist du nicht mehr unsichtbar."

Ihr freundlich-drolliger Blick half mir darüber hinweg, dass ich mich so abrupt alleingelassen fühlte. Sie winkte mir mit ihrem Rüssel unbeschwert nach, als ich mich in der Toröffnung noch einmal zu ihr umdrehte.

Nach dem Durchqueren der langen Einfahrt stand ich in einem geräumigen Innenhof, der von vier Schlosstrakten umgeben war. In jedem gab es eine Tür. Ich wählte die Tür mir gegenüber und gelangte in ein großzügiges Stiegenhaus, von dem mir die Bilder an der Wand bekannt waren. Alle zeigten Abbildungen von Königen, die die gleiche Krone trugen.

Dass im ersten Stockwerk ein roter Teppich auf eine zweiflügelige Eingangstür zuführte, vor der zwei Wächter standen, überraschte mich nun nicht mehr. Überraschend hätte höchstens sein können, dass es das alles wieder gab, wo ich doch von dem ganzen Schloss nur noch brennende Trümmerhaufen gesehen hatte. Doch als sich vor dem Saaleingang zwei Hellebarden kreuzten und mich einer der Wächter streng nach meinem Begehr fragte, war etwas anderes wichtiger.

Was war mein Begehr? Ich hatte darüber nicht nachgedacht. Eine wahnwitzige Idee durchzuckte mich. Ich könnte einfach die Wahrheit sagen, die darin bestand, dass ich nicht wusste, was ich wollte, aber es mir der König vielleicht sagen könnte.

Der Wächter machte unter seinem geschwungenen Helm ein verdutztes Gesicht, als ich ihm das als mein Anliegen mitgab, und ging aber doch, um mich anzumelden. Er schloss hinter sich den Türflügel.

Längere Zeit kam er nicht wieder. Einigen hörbaren Wortfetzen entnahm ich, dass der König den Wächter beschimpfte, weil ich bis vor die Tür gelangt war. Beim Herauskommen ließ dieser die Tür offen und raunte mir zu: „Majestät ist sehr ungehalten, aber ich soll dich zu ihm führen."

Der König saß auf seinem Thron und blickte mir finster und mit einer Mischung aus Irritation und Neugier entgegen, während ich bis zu seinem Podest auf ihn zuging und dort stehen blieb.

„Wer bist du? Wie kannst du es wagen, hierherzukommen?", fuhr er mich an. Sein Ärger war von einer gewissen Unsicherheit, wie er mich einschätzen sollte, anscheinend gebremst.

„Ich weiß noch nicht, ob es ein Wagnis ist. Ich bin einfach da, und wer ich hier bin, will ich herausbekommen", antwortete ich, weil ich beschlossen hatte, bei meiner Wahrheit zu bleiben.

Dass ich mich nicht unterwürfig zeigte, schien dem König erst recht nicht zu gefallen. „Willst du mir nicht die einem König gebührende Ehrerbietung leisten?" fauchte er.

Ich hatte nicht vor, mich einschüchtern zu lassen. „In der Zeit, die mir vertraut ist, steht man auch einem König aufrecht gegenüber", gab ich zur Antwort.

Kurz wallte in ihm erkennbarer Zorn auf. Er ließ es aber dabei bewenden, weil sich seine Besorgnis durchsetzte. „Wie konntest du ins Schloss gelangen? Das ist noch niemandem gelungen!" wechselte er das Thema.

„Alle Türen bis auf die hinter mir waren offen", antwortete ich ruhig.

„Das wohl", entgegnete er ärgerlich, „aber wie bist du zum Schloss gelangt? Von unten ist es im Nebel verborgen und niemand kennt den Weg auf den Berg!"

„Das ist es, warum ich mit dir reden will. Wahrscheinlich habe ich zu meiner Anwesenheit mehr Fragen als du. Ich würde dir alles erzählen, was ich weiß, und dann wüsste ich gerne, was du davon hältst."

Es war dem König anzumerken, dass er die Tragweite dieses Vorschlags nicht einschätzen konnte. „Warum sollte ich mir das antun? Ich habe königliche Pflichten!", verschanzte er sich hinter seiner Position.

„Es könnte mir dienlich sein", antwortete ich.

Er lachte hart auf. „Dir dienlich sein? Und was habe ich davon? Nein, Typen, die mich ausnutzen wollen, habe ich schon genug um mich."

Ich wusste selbst nicht, wie ich es schaffte, nichts darauf zu sagen, sondern einfach abwartend zu bleiben.

Das hatte er wohl am wenigsten erwartet. „Eine Frechheit, wie du dich benimmst! Du bittest nicht einmal inständig um den Gefallen, den ich dir erweisen soll! Aber egal. Ich gebe dir fünf Minuten. Wenn du mich langweilst, lasse ich dich in den Kerker werfen!"

Ich begann meine Erzählung mit dem Nebel, durch den ich zu Beginn zum Wolkenschloss gelangt war, erwähnte Dumba und unsere unbemerkt gebliebenen Besuche in diesem Saal und konnte mitverfolgen, wie der König zunehmend unruhig wurde.

„Das ist also ausspioniert worden! Die Weltverschwörung in den oberen Etagen ausspioniert! Ein Rückschlag! Kein Wunder, dass sie so stockend verläuft!" stöhnte er.

Als ich dann noch zur Sprache brachte, dass ich in dem Dorf in der anscheinenden Zukunft Daria getroffen, sie von einer gescheiterten Weltverschwörung gesprochen hatte und sich anscheinend mehr dem Studium der menschlichen Gefühle widmen wolle, stieß er zwar einen Wutschrei aus, sank jedoch wieder in sich zusammen und jammerte: „Verrat auf allen Linien! Nicht einmal die Außerirdischen haben gehalten, was ich mir von ihrer Logik versprochen habe. Wozu sollen wir da noch weitertun?"

Wie ich es schon einmal an ihm wahrgenommen hatte, versank er in Selbstmitleid. „Und Schuld an allem ist Ekthaleon! Dieser präpotente Idiot! Ich hasse ihn!", fuhr er plötzlich hoch. „Er hat alles vermasselt!"

„Er hat alles vermasselt?", fragte ich nach.

„Natürlich er! Schon seit wir uns erstmals auf Atlantis getroffen haben. Immer wieder hat er es geschafft, mir einzureden, dass wir ein gutes Team sind. Wie konnte ich mir nur schmackhaft machen lassen, dass er mit einem Zauber das Schloss wieder herstellen könne, wie es gewesen ist, nur besser abgeschirmt! Stimmt nicht, sonst könntest du nicht wieder hier sein! Ja, gezaubert hat er, aber er hat das Zurückdrehen der Zeit nicht ganz beherrscht. Seither läuft alles unrunder als vorher. Nur der Drache ist gleichgeblieben. Er ist nur noch nicht so dick und fett, wie er beim Ausbruch war. Aber wieder sitzt er unten im Verlies und ist eine dauernde Bedrohung."

„Mich hat er aber leben lassen", warf ich ein. „Ich habe sogar verstanden, warum er so bösartig war. Ob du nicht mit ihm reden könntest?"

„Mit dem Drachen reden?", fuhr er mich an. „Mit einem Drachen kann man nicht reden! Bist du verrückt? Seit vielen Generationen wird er gefürchtet und du warst doch selbst dabei, wie er das Schloss zerstört hat. Ich will ihn nicht sehen!" Er schüttelte sich vor Grauen.

„Also ich würde es gerne versuchen. Wenn doch nicht alles gleichgeblieben ist, ist er vielleicht auch nicht mehr derselbe," schlug ich vor.

Der König stutzte. „Das würdest du tun?", fragte er argwöhnisch und hoffnungsvoll zugleich. „Wie weiß ich, dass damit nicht alles noch schlechter wird?"

Garantieren konnte ich gar nichts, doch zuletzt hatte ich vor dem Drachen keine Angst mehr gehabt. Für mich war die seltsame Unterhaltung mit ihm zu rasch verlaufen. Etwas in mir ahnte, dass mich eine Kontaktaufnahme mit ihm weiter bringen konnte als das Gespräch mit dem König. Dieser schien eine derart große Angst vor dem Drachen zu haben, dass er nichts unversucht lassen wollte, damit fertig zu werden. Bald war ich mit einem der beiden Wächter vor der Tür unterwegs durch lange Kellergänge, bis wir vor einem mächtigen Gittertor standen. Es führte in einen hohen, aus dem Felsen geschlagenen gewölbten Raum, in dem ein großer Gitterkäfig stand. Im Licht der Fackel, die der Wächter trug, und dem wenigen Tageslicht, das durch ein winziges vergittertes Fenster hoch oben im

Deckengewölbe hereindrang, sah ich ein graues Etwas in der doppelten Größe etwa eines Pferdes in dem Käfig kauern. Es richtete sich auf die Vorderbeine auf erreichte eine Höhe, die nahe an jene des Käfigs heranreichte und mich um mehr als das Doppelte überragte.

„Geh nicht näher an ihn heran, er kann Feuer speien!", warnte der Wächter, der mit der ihm zugefallenen Aufgabe keine Freude hatte und ängstlich vor dem Gittertor stehen blieb.

Die Augen des Drachen glühten im Halbdunkel. Ich merkte, wie er sie auf mich richtete.

„Kennst du mich noch?", fragte ich und trat trotz der Warnung ein paar Schritte auf den Käfig zu. Längere Zeit hörte ich nur tiefes, schnaubendes Atmen.

„Ich erinnere mich", kam eine tiefe Stimme aus dem Käfig. „Du bist eine Gestalt in einem Traum, den ich hatte. In diesem Traum war ich frei und konnte fliegen."

„Ja, und ich würde dir gerne helfen, wieder an diese Freiheit heranzukommen, ohne dass jemand Schaden nimmt", erklärte ich meine Anwesenheit. „Was würdest du dafür brauchen?"

Wieder schien es ein Nachdenken beim Drachen zu geben. „Wage freiwillig zu wiederholen, was du schon einmal nicht vermeiden konntest. Da warst du ganz in mir. Komm zu mir in den Käfig. Damit würdest du zeigen, dass du wirklich helfen willst."

Ich erschrak. So weit wollte ich nicht gehen. Stille entstand.

„Na siehst du", durchbrach sie der Drache mit einem bitteren Auflachen, „so ernsthaft ist also dein Ansinnen. Helfen kannst du dir und mir nur durch ungeschminkte Ehrlichkeit. Wenn das trennende Gitter zwischen uns weg wäre, hättest du Angst. Du würdest um dein Leben fürchten. Alles, was ihr als schlecht oder böse betrachtet, beinhaltet Angst. Schon einmal habe ich dir zu erklären versucht, dass es nur die verdrängte Angst ist, die mich nährt. Die Angst, die ich in dir auslöse, ist deine, und wenn dir das klar ist, belässt du sie bei dir. Du erkennst dich selbst als ihre Ursache. Dann brauchst du keinen Drachen, dem du sie unterjubeln kannst, und wärst mit dir selbst konfrontiert. Muss ich aber als Drache alle verdrängten Zustände in dir und euch schlucken, werde ich eines Tages jedes Gitter sprengen und mich abreagieren. Doch du bist nur Besucher in diesem Reich und ich repräsentiere die verdrängten Anteile seiner Bewohner. Darum macht es wenig Sinn, mit dir darüber zu verhandeln. Im Moment bin ich nicht deine Angst. Wenn es um diese geht, wirst du mich wieder erkennen. Bis dahin musst du mich und alle, die mit mir verstrickt sind, der natürlichen Entwicklung überlassen. Es ist ein seltsames Schicksal, das mich an die Menschen bindet. Frei sein kann ich nur durch die, die mich hier gefangen halten."

Einmal öfter hatte mir der Drache nicht alles gesagt, was ich gerne von ihm gehört hätte. Irgendein Geheimnis wollte ich gelüftet haben, das mich schon lange begleitete, aber ich kannte es nicht. Mit dem bisherigen Ergebnis war ich nicht zufrieden, und der Drache schwieg auf eine Art, die mir weiteres Fragen sinnlos erscheinen ließ. Der Wächter hinter mir signalisierte mir durch ein auffälliges Räuspern, dass er es nicht länger hier aushalten wollte, und so gingen wir.

Auf dem Rückweg durch einen langen Gang kamen wir an einer Tür vorbei, die halb offen stand. Ein für dieses Schloss seltsames Licht drang heraus. Es stammte von drei Computerbildschirmen, die auf einem großen Schreitisch nebeneinander in einem leichten Rund hinter einer Tastatur standen, und an dieser Tastatur saß in dem halb abgedunkelten Zimmer ein Mann. Ich erkannte ihn sofort wieder, obwohl er mir den Rücken zuwandte. Es war der angeblich verrückte Professor in seinem weißen Mantel, der Aufträge des Königs anscheinend in Computerprogramme umsetzte.

Ich blieb stehen, weil mir unerklärlich geblieben war, wie der Professor mit seinen Programmierkünsten Einfluss auf die vom König erwünschten Zustände nehmen hätte sollen. Die drei Bildschirme wirkten zwar wie ein Kommandopult, entsprachen aber dennoch einer durchaus nicht ungewöhnlichen Büroeinrichtung. Der spindeldürre Mann hämmerte nachdrücklich einige Male auf eine bestimmte Taste und blickte dabei gebannt auf einen der Bildschirme, der im Gegensatz zu den beiden anderen ein eigenartig wechselndes Frequenzmuster produzierte.

„Warum läuft das Programm nicht?", murmelte er dabei. „Es soll stören und ist selbst gestört. Woher stammt dieses Störprogramm? Alles läuft nach Programm. Hätte ich ein altes nicht gelöscht? Sicher nicht. Seltsam. Die Welt besteht aus Null und Eins. Etwas ist nicht da und am Ende doch vorhanden. Wie kann etwas nicht sein und doch eine Bedeutung haben? Ist denn Null nur eine Form von Eins, weil beides eins ist?"

Der mich begleitende Wächter machte eine kreisförmige Handbewegung vor der Stirn, mit der er mir sagen wollte, dass es sich hier um einen offenbar Geisteskranken handelte, und drängte mich zum Weitergehen.

Als ich den Königssaal zurückkam, war Ekthaleon hier. Er empfing mich mit feindseligen Blicken. Ich hatte den Eindruck, als hätte ihm der König meine Geschichte bereits berichtet. Beide waren aufgebracht und hatten anscheinend schon vorher miteinander gestritten.

„Bist du völlig von Sinnen? Wie kannst du nur einen völlig Fremden hier im Schloss umherlaufen lassen? Er ist ein Spion! Und du fällst auf seine gespielte Harmlosigkeit herein!", schrie Ekthaleon den König an, nachdem er mich wie mit Röntgenstrahlen zu durchdringen versucht hatte, und mich herrschte er an: „Wer bist du wirklich?"

Er trat auf mich zu und umrundete mich argwöhnisch.

„Wenn ich das nur wüsste!", antwortete ich. „Ich weiß nur, dass ich hier nach einer Antwort suche, aber ich kenne nicht einmal die Frage."

„Das ist die dümmste Antwort, die ich je gehört habe!", rief Ekthaleon verärgert, „allein kannst du gar nicht hierhergelangen! Wer sind deine Verbündeten? Und wo sind sie?", fragte er schneidend.

„Wenn du als Verbündeten den kleinen Elefanten meinst, der wartet draußen vor dem Tor. Aber er scheint zum Schloss zu gehören", erwiderte ich.

„Kleiner Elefant, der zum Schloss gehört?" äffte er mich nach. „Wir haben hier keinen kleinen Elefanten, nur einen großen Drachen, und wenn zumindest das stimmt, warst du vorhin bei ihm. Wie konntest du nur auf die Idee kommen, zu diesem Drachen zu wollen?" Er wartete meine Antwort gar nicht ab und wandte sich wieder an den König: „Und wie konntest du Idiot ihm das gewähren?"

„Ich verbitte mir einen derartigen Ton!", schrie der König den Atlanter an. „Du tust, als wüsstest du alles, aber was weißt du schon? Dir passiert ein Fehler nach dem anderen, und der größte ist, dass wir den Drachen noch immer wie eine Zeitbombe im Schloss haben!"

„Aber immerhin im Verlies!", konterte Ekthaleon. „Auch wenn du es in deiner Beschränktheit nie begreifen wirst: ich kann gar nichts falsch machen. Wo ich bin, ist immer die Gegenwart. Es zählt immer das, wo wir sind. Wir sind hier und jetzt immer noch in der Zeit, wo wir die Welt umstürzen wollen. So viele glauben an uns! Das unterstützt unseren Plan, und darin gibt es nur ein Ziel: die Macht. Da darf uns ein dahergelaufener Fremder nicht im Weg sein."

„Aber er ist da", wandte der König zornig ein, „und ich wäre nicht König, könnte ich nicht weiter denken als du.

Wo sind wir denn wirklich? Abgehoben von der übrigen Welt. Wir verstecken uns im Sagenland, gleichgestellt mit Feen, Elfen, Hexen und sonstigen Fantasiegestalten. Daran glauben nur Kinder und Verrückte. Die große, moderne Welt belächelt uns. Aber es kommt noch ärger: wer sich verstecken muss, hat Angst! Verdammt, warum habe ich das noch nicht begriffen?"

„Nur du hast Angst", schrie Ekthaleon zurück. „Du meinst, ich hätte diese geniale Idee aus Angst gehabt? Besser abgeschirmt als hier können wir gar nicht arbeiten. Das alles gehört zum großen Plan. Auch unsere Weltverschwörung wird von den meisten Menschen für lächerlich gehalten. Gerade deshalb bleiben wir unentdeckt!"

Der König schlug mit der Faust auf die Armlehne seines Throns. „Wir sind es aber nicht mehr!", rief er zornig aus. „Ein Magier willst du sein, der mit der Zeit jongliert, und dann begreifst du nicht, dass wir hier jemand haben, der aus einer Zukunft kommt, in der unsere Idee keine Chance hat? Dass eine unserer höchsten Verbündeten lieber menschliche Gefühle begreifen will als weiter die Unterjochung unserer Rasse anzustreben?" Er wurde leiser. „Ich bin müde. Ich will nicht mehr. Es reicht mir, König in diesem Wolkenreich zu sein, und ich wünsche mir nur, gemütlich den Weg meiner Vorfahren fortsetzen zu können."

Ekthaleon riss Mund und Augen auf. „Habe ich recht gehört?", stieß er dann hervor. „Du gibst auf?"

Die verzagte Haltung, in der der König vor ihm saß, reichte ihm als Antwort. In seinem Gesicht erschien ein Ausdruck tiefer Verachtung.

„Du warst immer nur ein Mitläufer, egal wofür du dich hast einspannen lassen. Du glaubst, König zu sein, aber du bist nur eine Marionette. Ein Schwächling", sagte er abfällig und fügte hart hinzu: „Aber es ist zu spät! Es gibt kein Zurück, weil ich kein Zurück will. Ich werde niemals aufgeben, und wenn du nicht mitmachst, musst du sterben! – Wachen!", brüllte er plötzlich.

Die beiden Wächter vor der Tür kamen eilig herein. Ekthaleon wies auf den König und mich. „Festnehmen, alle beide!"

Die beiden Soldaten machten erschrockene Gesichter und starrten bewegungslos auf den König.

„Los, festnehmen habe ich gesagt!" brüllte Ekthaleon sie an, aber ihr Blick haftete abwartend im Gesicht ihres Königs.

Dieser schüttelte nur verneinend den Kopf, und das schien zu reichen, die Wachen aus ihrem Konflikt zu befreien. Ihre Haltung entspannte sich etwas.

Der König lachte nun leise. „Du siehst, wer hier das Sagen hat. König bin ich!" sagte er mit unüberhörbarer Selbstzufriedenheit.

Ekthaleon verlor die Fassung. „Ich hasse dich!", brüllte er. „Ich hasse dich schon seit mehr als zwölftausend Jahren! Wie oft habe ich gewünscht, dich umbringen zu können, und nun tue ich es!"

In seiner Hand war plötzlich ein Dolch, mit dem er sich auf den König stürzte. Dieser parierte mit erstaunlicher Behändigkeit den Stich, und schon griffen die beiden Wachen ein. Der Dolch fiel zu Boden und Ekthaleon wurde von den Wächtern zwischen ihnen festgehalten.

„So nicht", sagte der König erstaunlich ruhig und auf einmal wie verwandelt. „Du wirst immer einen König über dir akzeptieren müssen. Und du kannst deine Schwäche, die du Dummkopf nur in mir erkennen kannst, nicht töten, indem du mich tötest!" Er stand auf und trat so nahe an Ekthaleon heran, dass sich ihre Gesichter fast berührten. „Ich habe mit deinem Angriff gerechnet, schon seit zwölftausend Jahren. Ich hasse dich auch, wahrscheinlich mehr als du mich. Aber meine Rache war nie der Tod, sondern dass du mit mir leben musst. Ich weiß, dass uns dieser Hass aneinanderbindet, und weil ich dir das nicht ersparen will, komme auch ich nicht von dir los", zischte er ihn an.

Er wandte sich an die beiden Wachen. „Lasst ihn. Er ist der Schwächere von uns beiden. Ich kenne meine Unbeständigkeit und meinen fallweisen Jammer. Aber er ist damit bestraft, in seiner Selbstgefälligkeit und Maßlosigkeit kein Ende zu finden und mit mir auskommen zu müssen."

Der Atlanter hatte ein zornrotes Gesicht, löste sich angewidert aus dem Griff der beiden Wächter und strich seinen Umhang aus. Es war zu sehen, dass er die Zähne aufeinanderbiss, um nichts zu sagen, drehte sich mit einem vernichten wollenden Blick auf den König und mich um und verließ in überheblicher Haltung den Raum.

„Und nun zu uns beiden", sprach mich der König an. „Du bist Zeuge einer sehr unrühmlichen Szene geworden und ich weiß nicht, was deine Anwesenheit noch für Folgen hat. In einem hat Ekthaleon recht: du kannst eine Gefahr für uns werden. Bis mir klar ist, was ich mit dir anfangen soll, musst du hierbleiben. Ich werde dich als Gast behandeln, aber du wirst nicht entkommen können."

Auf sein Nicken nahmen mich die beiden Wachen in die Mitte. „Sperrt ihn im Spiegelzimmer ein", wies er sie an, während sie mich schon durch die Saaltür führten, „dann hat er wenigstens Gesellschaft."

Da saß ich nun. Es war ein Zimmer, das größer aussah als es war. Eine Wand bestand zur Gänze aus einem Spiegel. Ich sah mich selbst darin an einem Tisch sitzen und mich über ihn hinweg anstarren. Dieser Tisch und der Sessel, auf dem ich saß, waren die einzigen Einrichtungsgegenstände im Raum. Obwohl dieser Fenster hatte, wie ich sie auch von anderen Zimmern kannte, ließen sie mich nicht einmal den Stand des Tages erkennen. Zwar war es eine Form von Tageslicht, das durch das Fenster hereinkam, aber es war diffus. Es drang durch Nebel, und dieser Nebel war alles, was ich draußen erkennen konnte. Er war so dicht, dass ich meinen konnte, er dringe durch die Fenster und hülle auch den Raum in das schattenhaft Dunkle, das sich zunehmend in mein Bewusstsein schob. Es gab in dem Raum keine künstliche Lichtquelle, und so wurde mein eigenes Gesicht im Spiegel immer undeutlicher und fing an, sich zu wandeln. Es war nicht mehr ich, der mir gegenübersaß. Dieser Jemand trug dicke Brillen, über die hinweg er mich ansah, und er lächelte. Er lächelte auf eine so sympathische, nette Art, dass ich ihn damit kaum wiederzuerkennen vermochte.

Es war der Professor. „Du bist vor einer Weile an meinem Büro vorbeigegangen", sagte er. „Ich habe es sehr wohl bemerkt. Es ist selten, dass mich jemand wahrnimmt. Der Kontakt mit mir ist unerwünscht und alle halten mich für verrückt. Stimmt ja. Mit normalen Maßstäben bin ich nicht zu messen, weil ich nicht mit normalen Maßstäben messe. Ich sehe dich auf einem meiner Bildschirme, so ähnlich wie du mich jetzt siehst. Weil du im Moment auch so allein bist wie ich, dachte ich, ich könnte mich mit dir auf diese Weise ein wenig unterhalten. Ist dir das recht?"

Ich war so überrascht, dass ich nur nickte.

„Ich schreibe die Programme, die der König von mir haben will", erklärte er. „Zumindest sieht es so aus. In einer gewissen Weise stimmt es auch. Aber man kann es auch ganz anders betrachten. Es ist schon alles geschrieben. Ich verhalte mich nur nach Programm und führe aus, was bereits existiert."

Der Professor hielt inne. Da ich aufgrund seines direkten Blickes in meine Augen davon ausgehen konnte, er stehe tatsächlich über einen Monitor mit mir in Kontakt, reichte wohl mein Gesichtsausdruck, um mitzuteilen, dass ich ihn nicht verstand.

Er sprach weiter: „Genau genommen beschränke ich mich darauf, Programme zu aktivieren, die bereits existieren. Auch ein Programm neu zu schreiben, erfolgt genau nach Programm. Die einzige Alternative zu einem Programm ist ein anderes Programm. Auch der König glaubt, dass das meiste hier zufällig abläuft und sich daran etwas nur ändert, wenn es gezielt anders gestaltet wird. Aber das stimmt so nicht. Auch der vermeintliche Zufall ist ein vollkommen logischer Ablauf, wenn man das Programm kennt. Und es gibt dieses Programm immer."

„Dann sprechen wir zwei hier nur nach Programm?" versuchte ich mein Verstehen zu signalisieren.

Er nickte. „So ist es. Die Voraussetzung für ein Programm ist der Gedanke an die Möglichkeit, dass es existieren könnte. Man muss es mit Energie nur noch zum Laufen bringen."

„Und wenn das Universum vergessen hätte, diese Möglichkeit vorzusehen?", warf ich kritisch ein.

Ein feines Lächeln umspielte die dünnen Lippen des Professors. „Dann hat es zumindest jemand dafür vorgesehen, der diese Möglichkeit zu denken wagt und sie damit erschafft!"

„Aber wo ist dann die Grenze?", entfuhr es mir in einer Art plötzlichen Erschreckens über die Tragweite dieser Antwort.

Wieder lächelte der Professor. „Es gibt keine. Und es gibt sie doch. Du brauchst nur zu denken, dass etwas unmöglich ist. Schon ist das das Programm, nach dem du funktionierst."

Das war zu einfach. Ich verstand es nicht, und ich brachte es damit zum Ausdruck, dass ich nichts mehr zu sagen wusste.

Offenbar verstand mich zumindest der Professor. „Daran bin ich verrückt geworden", sprach er weiter. „Dass es keine Grenze gibt und doch eine. Sie ist immer dort, wo ich sie denke, doch wenn ich gar nicht denke, bin ich selbst nicht mehr. Früher schien klar zu sein, dass Null und Eins eindeutige Funktionen beim Programmieren haben. Ich hätte darüber nicht nachdenken dürfen. Ich bin draufgekommen, dass alles existiert, auch wenn es nicht da ist. Was mir fehlt, erschaffe ich, indem ich denke, dass es mir fehlt. Es kann dann aber nicht Null sein, sondern auch Eins. Das Vermisste muss da sein, weil ich es sonst nicht vermissen könnte, und das Existierende ist nur deshalb da, weil ich nicht an seiner Existenz zweifle. Versuche gar nicht erst, das zu verstehen, sonst wirst auch du verrückt."

Weit war ich davon nicht entfernt. Trotzdem setzte der Professor fort: „Das Nichts ist einfach nicht nichts. Es ist vom Existierenden nicht überbietbar, denn dieses hat Grenzen. Der Tipp für das Leben, den ich dir geben kann, ist der: das, was du hast, ist immer genug. Sobald du es daran misst, was du nicht hast, ist es nie genug und wird niemals genug sein. Dann misst du nämlich das Endliche am Unendlichen, und daran muss dein Verstand zwangsläufig scheitern. Also, für den Moment hast du genug. Belasse es dabei. Auf meinem anderen Monitor sehe ich, dass dein Programm völlig ordnungsgemäß abläuft. Schönen Aufenthalt noch im Wolkenschloss!"

Als hätte jemand einen Bildschirm ausgeknipst, war der Professor weg und ich sah mich wieder selbst im Spiegel. Dem war nicht anzumerken, welchen Streich er mir soeben noch gespielt haben musste. Oder war das wirklich nur ein Programm, nach dem ich funktionierte? Was keineswegs funktionierte, war mein klares Denken. Wieso konnte ich es überhaupt vermissen nach dem, was mir der Professor anscheinend erklären hatte wollen?

Zum Glück holte mich ein vertrautes Kichern aus sich unentwirrbar verknotenden Gedankengängen. Es war, als käme es hinter dem Spiegel hervor, und wieder war es, als würde der sich wandeln. Erst schien es, als hätte er sich beschlagen, doch als er sich wieder klärte, war er kein Spiegel mehr, sondern durchsichtiges Glas. Hinter der Scheibe sah ich Dumba, wie sie vor dem Hauptportal des Schlosses dasaß und anscheinend guter Laune war.

„Nun, zufrieden mit deinem Traum?", fragte sie und zwinkerte mir zu. „Du siehst, dieser Spiegel hat viele Funktionen. Er kann dir Fernes und Nahes zeigen, und dich selbst natürlich auch. Im Moment siehst du ziemlich verwirrt aus."

„Ja", gab ich zu, „der Professor kann einen mit seinen Programmen wirklich verrückt machen."

„Würdest du dich leichter tun, wenn er seine Programme ‚Überzeugungen' genannt hätte? Dass sich alles so entwickelt, wie du in deinem tiefsten Inneren glaubst, dass es sich entwickeln wird und du es dann auch so wahrnehmen wirst?" kam ganz harmlos ihre Frage.

Ich stöhnte auf. „Genug davon! Das ist mir alles zu theoretisch!"

„Die Praxis davon erfährst du ja soeben", grinste Dumba, „du bist davon überzeugt, dass dir das jetzt zu viel ist. Vielleicht interessiert dich das Thema später. Ein anderes wartet bereits."

Schon wollte ich fragen, was sie damit meine, als der scheinbar freie Blick durch eine Scheibe auf den Bereich vor dem Schlosseingang verblasste und allmählich wieder zum Spiegel wurde. Doch diesmal erschrak ich fast zu Tode. So wie sich wie bei einer Einblendung wieder mein eigenes Spiegelbild zeigte, spiegelte sich auch etwas anderes hinter mir: der Drache. Ich merkte im selben Moment, dass er nicht nur ein Spiegelbild war. Er füllte hinter mir fast den ganzen verbleibenden Raum aus und verströmte einen eigenartigen Geruch. Ich sprang auf, stieß den Tisch zur Seite und flüchtete zur Spiegelwand, an die ich mich mit dem Rücken drückte. Eine andere Möglichkeit, mehr Abstand zwischen mich und den Drachen zu bringen, zeigte sich mir nicht. Angstvoll sah ich zu ihm auf, und seine glühenden Augen empfand ich als kalt und grausam.

„Diesmal ist kein Käfiggitter zwischen uns", hörte ich seine schon bekannte, tief dröhnende Stimme, „und diesmal bin ich nicht nur der Schlossdrache, sondern auch deiner!"

Sein warmer Atem streifte mich, und obwohl er nicht stank, war er mir ekelhaft. Zu keinem Laut und zu keiner Bewegung fähig, wartete ich darauf, dass mich das Untier im nächsten Augenblick verschlingen würde. Doch dieser Augenblick kam nicht, und ich hatte den Eindruck, dass der Drache die Dauer meiner Todesangst genussvoll in die Länge ziehen wollte. Die Zeit erschien mir endlos.

Irgendwann kam seine Frage: „Warum hast du eigentlich so viel Angst vor mir?", und die tiefe Bassstimme klang überraschend ruhig.

Ich wusste es nicht und war auch zu keiner Antwort fähig. Warum musste er mich mit der gespielten Ruhe auch noch quälen?

„Ist es überhaupt Angst?" forschte er weiter.

„Was sollte es sonst sein?" fragte ich zaghaft zurück.

„Nun, darüber sollten wir uns unterhalten", klang es fast väterlich. „Woran merkst du eigentlich, dass du Angst hast?"

„Ich spüre sie ganz einfach!" stotterte ich verwirrt, weil ich nicht wusste, was der Drache von mir hören wollte.

„Was spürst du wo im Körper?" blieb er beharrlich.

Es fiel mir schwer, die Aufmerksamkeit von ihm abzulenken und einen Teil für mich selbst aufzuwenden, fand aber dann doch zu einer zögerlichen Beschreibung: „Meine Arme und Beine sind total verkrampft... ich kann mich nicht bewegen, wage kaum zu atmen... das Herz schlägt zum Zerspringen..."

Der Drache nickte, als wüsste er genau, wovon ich sprach. „Könntest du das abstellen?"

„Wie, die Angst abstellen? Unmöglich!", gab ich ohne nachzudenken zur Antwort.

Wieder nickte der Drache wissend. „Eben. Eine sprachliche Unschärfe unter euch Menschen. Weil nicht du die Angst hast, sondern sie dich. Sie hat dich fest im Griff. Eines der Programme, von denen der Professor gesprochen hat."

„Programme?", war ich nun doch erstaunt.

„Das ist nur eine von mehreren Bezeichnungen. Seit Jahrmillionen eingeübt Abläufe, die sich aus bestimmten Auslösern ergeben. Automatische Reaktionen auf Situationen, die in der Vergangenheit als gefährlich erlebt wurden. Vorurteile gewissermaßen, weil sie zunächst sicherer sind als eine genaue Prüfung, ob denn etwa eine Gefahr wirklich vorliegt. Ein Drache ist dazu da, etwas zu zerstören oder jemanden zu fressen. Dadurch ist er von vornherein nicht nur gefährlich, sondern auch böse, und wenn du ihm gegenüberstehst, hast du Angst – besser gesagt, sie dich."

Doch gerade diese Angst ließ nun etwas nach und machte einer Verwunderung Platz. „Warum erzählst du mir das alles?", fragte ich deshalb.

„Weil du von mir etwas wissen wolltest. Ich weiß zwar nicht, ob es das ist, was ich dir hier sage, und wenn ich dich richtig verstanden habe, suchst du hier im Wolkenschloss die Antwort auf eine Frage, die du selbst nicht kennst. Ich weiß vielleicht doch etwas mehr als du einem Drachen zumutest. Doch wie jedes Wissen ist es begrenzt. Wie solltest du ausgerechnet von mir erfahren, was du nicht weißt und nicht einmal weißt, was du weißt? Aber einen Beitrag zu deiner Suche kann ich dir leisten: eine ausgezeichnete Fundstelle ist die Angst. Wenn du dich ihr stellst, findest du dahinter so manche Antwort. Und nicht nur Drachen lösen Angst aus. Ich bin bloß ein gängiges Symbol dafür und ein Grund, möglichst frühzeitig davor auszuweichen. Aber ich habe dir keine Wahl gelassen. Ich konfrontiere dich mit deiner Angst. Und erst vor mir kannst du wieder wählen: willst du ein ständiger Schlossbewohner werden, der die Angst im Untergrund weiterhin mästet, oder willst du zurück in dein bisheriges Leben, um deine Suche eines Tages in ein Finden zu wandeln?"

Noch immer wusste ich nicht sicher, ob der Drache mit seiner Erklärung bloß die Vorfreude auskostete, mich verspeisen zu können oder ob er seine Frage ernst meinte. Ich war verwirrt. Allerdings brauchte ich kein langes Nachdenken: „Natürlich würde ich gerne wieder zurück. Aber wie?"

Der Drache lachte erheitert auf. „Da hast du recht. Hinter dir ein seltsamer Spiegel und vor dir ich. An mir lasse ich dich sicher nicht vorbei. Aber bist du schon auf die Idee gekommen, dass das alles nur Illusion ist? Du träumst!"

„Ich träume?" Ich war überrascht. Das hatte ich völlig vergessen. Aber irgendwie ging der Traum trotzdem weiter. Ich wusste nicht, wie ich ihn beenden sollte. Die Augen hatte ich doch schon offen!

„Offene Augen sind nicht das, was einen Traum immer beendet", empfing der Drache anscheinend meine Gedanken. „Was macht dich so sicher, dass du nicht auch dein ganz normales Leben zu ebener Erde träumst? Du könntest mehr nach der Wahrheit Ausschau halten!"

„Nach der Wahrheit?", wiederholte ich, „was ist die Wahrheit?"

„Das musst du selbst herausfinden", schnaubte der Drache, „ich kann dir nur eine weitere Form davon zeigen."

Mir war, als spürte ich die Spiegelwand hinter mir plötzlich nicht mehr. Ich tastete mir den Fingern nach hinten. Sie gingen ins Leere. Ohne den Drachen ganz aus den Augen zu lassen, drehte ich mich ein wenig um.

Da war nichts mehr. Wirklich nichts. Schwärze, bodenlose Schwärze, und ich stand direkt an diesem Abgrund, als sei die Schlossmauer unvermittelt weggebrochen. Hier war nicht einmal Nebel, nur endloser Raum ohne jeglichen Anhaltspunkt. Erschrocken wich ich von der Kante zurück.

Wieder lachte der Drache. Es klang viel weniger heiter als vorhin, fast bitter. „Oh, plötzlich kommst du mir näher? Ich bin also nicht so schrecklich wie die Wahrheit, die sich hinter dir aufgetan hat? Zugegeben, es ist nicht die allerletzte Wahrheit, aber nahe an ihr dran. Das Nichts. Es gibt nur einen Weg an mir vorbei. Er führt in dieses Nichts. Ich weiß, es kann grauenvoll sein, etwas überhaupt nicht zu kennen und nicht einordnen zu können. Es ängstigt dich mehr als ich. Von mir ahnst du, was dir geschehen könnte.

Aber vom Nichts weißt du gar nichts. Alles daran ist bedrohlich. Doch es wäre nicht das Nichts, wenn darinnen etwas wäre. Freilich wärst du selbst darinnen auch nicht, aber das wüsstest du nicht einmal. Du hast aber die Möglichkeit, es zu wissen, und darüber hinaus unendlich viele weitere Möglichkeiten. Jetzt siehst du nur zwei davon: entweder hier zu warten und von deiner eigenen Angst zerfressen zu werden oder dich ins Unbekannte zu wagen."

Es war eine schreckliche Alternative. Der Drache schien mich mit seinen glühenden Augen nun wieder viel bedrohlicher zu fixieren und neben mir gähnte etwas, von dem ich nicht einmal wusste, ob es tatsächlich ein Abgrund war. Es war nur Leere, die mich nun noch mehr ängstigte als der Drache. Er hatte es angesprochen: dazwischen würde ich es nicht lange aushalten, weil ich in diesem Zustand der Zerrissenheit nicht bleiben konnte. Aber mich in die Leere hineinbegeben?

Der Drache schien Zeit zu haben. Er wartete. Und ich wusste, dass ich irgendwann eine Entscheidung treffen musste. Die Zeit verstrich.

„Komm!", hörte ich plötzlich eine vertraute Stimme. Sie klang unbeschwert und einladend und kam eindeutig von Dumba, aber sie klang aus der Leere heraus. Anscheinend war diese doch nicht völlig leer. Eine heimtückische Täuschung?

Das Aufmunternde in der Stimme war mir eine Entscheidungshilfe. Ich wandte mich der unergründlichen

Schwärze zu, schloss die Augen und tat einen Schritt ins vermeintlich Bodenlose.

Die Angst war wie weggeblasen. Ich fiel nicht. Ich schwebte, und mich umfing eine wohlige Geborgenheit, in der es keine Schwere gab. Als ich die Augen wieder öffnete, war statt der Schwärze ein diffuses Licht da. Es war der vertraute Nebel, der mir im Zusammenhang mit dem Wolkenschloss schon wiederholt begegnet war. Darin flog etwas dahin wie ein sehr großer Vogel. Doch es war Dumba mit ihren Flugohren, die mit übermütigen flügelähnlichen Bewegungen anfing, Kreisbahnen um mich zu ziehen, darin Loopings einbaute und sich offenbar freute, dass ich den Schritt ins Ungewisse gewagt hatte.

Ich merkte, dass mein anfängliches Schweben in ein allmähliches Sinken überging. Und noch etwas merkte ich. Etwas sehr großes Graues mit riesigen Drachenschwingen kreiste majestätisch wie ein Adler ebenfalls um mich. Wie ein Begleitschutz folgten mir die beiden Wesen mit ihrem Kreisen in meinem Sinken nach unten, das immer mehr zu einem Fallen wurde. Ich fiel in ein eigenartiges Weiß, flauschig wie eine Wolke. Es umfing mich und ich fiel darin weiter nach irgendwohin da unten, doch empfand ich es als behütetes Fallen, wie eine Flaumfeder, die durch einen sehr dichten Nebel sinkt. In dem verschwand ich und dann waren wieder einmal weder er da noch ich.

Eine Weile verging, bis ich mich wieder entdeckte. Es war grau um mich, aber diesmal war es nicht Nebel, sondern das Grau des frühen Morgens, das bereits durch das

Schlafzimmerfenster hereindrang. Ich lag in meinem vertrauten Bett und hatte meinen vertrauten Körper. Langsam setzte auch mein vertrautes Denken wieder ein, aber es war zunächst noch von seltsamen Kreisbahnen um mich herum überlagert.

Gut, ich hatte geträumt. Das hätte mir gleichfalls vertraut sein können. Aber an diesem Traum war etwas ungewöhnlich. Es war die Zusammenballung von Elementen, die mir alle schon irgendwann im Leben begegnet waren. Das Wolkenschloss hatte ich mir bereits in meinen Kindheitsjahren in seiner Wandelbarkeit konstruiert, Drachen und sonstige Märchengestalten waren mir in zahlreichen Sagen, Märchen und Fantasy-Geschichten begegnet, und aus vielen Filmen und Büchern waren mir interstellare Reisen und die Existenz von Außerirdischen vertraut. Auch die Legenden um Atlantis hatte ich nicht ausgelassen. Schließlich hatte auch das Internet dafür gesorgt, dass ich mich mit Chemtrails, HAARP und sonstigen Programmen zur Manipulation von Natur und Menschen beschäftigte, dass mir zahlreiche Gegenvarianten zu den offiziellen Versionen etwa des Kennedy-Mordes, der Geschehnisse um die Zerstörung der Twin-Towers in New York oder sonstiger Großereignisse bekannt waren und dass hinter all dem das Wirken geheimer Kräfte als die große Verschwörung zum Umsturz der herkömmlichen Weltordnung vermutet wurde. Freilich stieß ich dabei auch auf freundlichere Zukunfts- und Erklärungsvarianten. Nun hatte ich einen Ausschnitt davon in einem einzigen Traum zusammengewürfelt serviert bekommen. Ich empfand es aber eher nur als Kulisse für etwas, was mich tatsächlich berührte. Dahinter kam etwas Grundsätzliches zum Vorschein. Wer war ich wirklich und was ist dran an der sogenannten Wahrheit?

Das Wolkenschloss hatte noch nicht all seine Geheimnisse preisgegeben. Der Traum hatte nur bestätigt, dass es noch immer lockte. Ich würde es auch künftig immer wieder aufsuchen können, und ich war nicht darauf angewiesen, dass mich ein Traum dorthin führte. Ich konnte es auch mit offenen Augen tun. Oder sollte es sogar stimmen, dass offene Augen einen Traum nicht immer beenden?

Teil 2

Mein Wolkenschloss

Eben. *Mein* Wolkenschloss. Es gibt kein zweites in dieser Form. Wie es dasteht, ist es im Moment meine Wahrheit. Es heißt aber nicht, dass es meine abschließende Wahrheit ist. Denn für mich weiß ich, dass die Wahrheit in dem schlichten Satz besteht, dass es im Menschlichen keine bleibende Wahrheit gibt. Das ist ein Vorgeschmack auf das Nachfolgende. Was in der vorhergehenden Geschichte vom Wolkenschloss mehr oder weniger verkleidet ist, soll hier im anfänglichen Kreisen um Abstraktes ins Praktische führen und dafür aufbereitet werden. In der Dualität brauchen auch märchenhafte Philosophiegeschichten einen Gegensatz. Ich glaube, man kann alle drei Wolkenschlösser in diesem Buch als philosophisch gelten lassen. Das Märchenhafte daran könnte sein, dass sie wie jedes Märchen eine Symbolik beinhalten. Und bei der Philosophie geht es um Leben und Liebe. Mit ein bisschen gutem Willen ist das alles ganz nahe am Alltäglichen.

Ein Modell der Wirklichkeit

Etwas, was uns Menschen verbindet, scheint unter anderem die ewige Unzufriedenheit zu sein. Wir wollen mehr haben, oft ohne genau zu wissen, wovon. Zumindest bei mir ist es so, und in der Geschichte vom Wolkenschloss ist es erkennbar. Ich will mehr wissen. Die Motive dafür sind vielfältig und führen tief in die Psychologie. Es gibt aber auch sehr praktische und gar nicht immer so ehrenwerte Aspekte dabei. Wissen ist Macht, heißt es, und die hat einen anrüchigen Charakter. Mir ist sie wichtig genug, um später genauer darauf einzugehen.

Wenn ich weiß, wie etwas funktioniert, kann ich es handhaben. Vorher bin ich ihm ausgeliefert. Dieses Gefühl der Unzulänglichkeit und des Ausgeliefertseins mag der Grund für jedes Bemühen sein, aus diesem Zustand herauszukommen. Eigentlich ist das sinnlos, denn die Position bleibt immer die gleiche: mit jedem erworbenen Wissen eröffnet sich der Blick auf einen neuen Bereich des Nichtwissens. Das müsste die Menschheit und auch ich in der Zwischenzeit begriffen haben. Was aber lässt mich streben, zumindest für mich selbst ein Modell meiner eigenen Wirklichkeit so zu entwerfen, dass es lesbar vor mir steht? Für mich habe ich die Antwort gefunden. Wer sich der Mühe unterziehen will, sich damit zu beschäftigen, sei vorweg darauf aufmerksam gemacht, dass es ausdrücklich nur ein Modell ist. Modelle sind nur eine Form der Wirklichkeit, und das Unvermögen, diese wirklich zu beschreiben, wird im Folgenden wohl noch deutlich genug zum Ausdruck kommen. Allein das Wort „Wirklichkeit" sei hier als Beispiel dafür genannt, dass Worte oft eine Eindeutigkeit signalisieren, die sie nicht haben und auch nicht haben können. Das war für mich ziemlich ernüchternd. Für mich ist Wirklichkeit das, was wirkt. Das macht sie nicht unbedingt eindeutig. Auch an Modellen ist das Ernüchternde, dass sie meistens nur für eine bestimmte Zeit taugen. Dann werden sie vom nächstbesseren abgelöst, und das wird auch mit dem geschehen, was ich hier schreibe.

Kein Wunder, dass ich trotz dieser aus wiederholter Erfahrung stammenden Erkenntnis bemüht bin, insbesondere für mich selbst einen festen Anker zu werfen, mit dem mein Boot jedem Sturm trotzen kann. Ich habe kein besseres Wort für diesen Anker gefunden als das Absolute. Natürlich hätte ich es auch „Gott" nennen können, aber als Wort ist es mir nicht neutral genug. Zu viele Vorurteile, Missverständnisse und Einschränkungen sind damit verknüpft.

Für mich entdeckt habe ich das Absolute aus einem einfachen Gedankenexperiment: Wie oft kann ich ein Staubkorn teilen, bis nichts mehr davon vorhanden ist? Hätte ich nicht damit aufgehört, würde ich es heute noch teilen, denn ich kam zu dem Schluss, dass es keine andere Begrenzung für diesen Vorgang gibt als die Machbarkeit. Die versagt irgendwann mit den technisch ausgefeiltesten Mitteln, aber einen theoretisch weiter teilbaren Teil des ursprünglichen Staubkorns gibt es immer noch.

An diesem Denkexperiment begriff ich die Unbegreiflichkeit der Unendlichkeit. Etwas, was als Staubkorn Grenzen hat, wird immer Grenzen behalten. Das einzig

Grenzenlose daran ist die theoretische Wiederholbarkeit des Teilungsvorganges. Und ich kam zu einem weiteren Schluss: nur was keine Grenzen hat, ist unendlich. Damit hatte mein Verstand sein Futter. Aus seinen zahllosen Runden um das gleiche Unbegreifliche entstanden theoretische Skizzen, zu denen ich zurückkehren konnte, wenn ich mich in der Komplexität meiner Überlegungen verrannt hatte.

Das Absolute

Das Wort meint das völlige Enthobensein von allen Bedingungen oder Beziehungen, von jeglicher Beschränkung. Dieser Zustand ist der Gegensatz zum Relativen, wo etwas immer im Bezug zu etwas anderem steht, also in unvermeidlicher Abhängigkeit. Während das Relative von einem zweiten Begriff abhängt, kommt das, was das wirklich Absolute wäre, ohne ihn aus. Es existiert allein, als begriffliche, doch unbegreifliche Einheit alles Vorstellbaren und nicht Vorstellbaren. Etwas anderes gibt es darin nicht. Darum auch das Wörtchen „wäre" in der Beschreibung. Denn die ist bereits relativ.

Nun ist alles, was wir kennen, relativ. Groß setzt voraus, dass es etwas Kleines gibt, wie das in unseren Kopf nur dann passende Absolute voraussetzt, dass etwas Relatives existiert. Unsere Welt ist voller Gegensatzpaare. Was auch immer benannt werden kann, existiert nur, weil es alles andere und vor allem das Unbenannte nicht ist. Fällt der

Bezugspunkt, von dem das Relative abhängt, weg, ist das Verbleibende mangels Gegenstücks bedeutungslos. Das ist ein Naturgesetz, das sich durch das ganze Universum zieht, und damit ist das wirklich Absolute darüber hinausgehend, also auch jenseits davon und deshalb nicht wirklich begreiflich. Manche haben es in ihrem Versuch, einen wirklich umfassenden Begriff dafür zu finden, weniger zurückhaltend wie ich „Gott" genannt und damit erst recht zu Vielfalt anstatt zu Einheit beigetragen. Eines der möglichen anderen Worte für das Absolute ist etwa „Urzustand". Es meint den Zustand vor dem sogenannten Urknall, an dem alle Berechnungsmöglichkeiten der Wissenschaft bisher gescheitert sind und es wahrscheinlich auch weiterhin tun werden, weil es noch dazu nicht die einzige Theorie ist. Wie es aussah, bevor sich das heutige Universum aus einem angeblich winzigen Punkt – auf den noch einzugehen sein wird – entwickelte, entzieht sich jedem Vorstellungsvermögen. Es gibt darin nichts, was darstellbar ist. Vor allem bleibt unerklärlich, woher etwas kommen kann, wenn vorher nichts da ist.

Absolute Leere links von diesem Absatz darzustellen, ist ein untauglicher Versuch. Eine durch Ränder und Schrift begrenzte kleine Fläche steht im krassen Gegensatz zu einer sich gegenstandslos ausdehnenden Unendlichkeit. Eine weitere Unzulänglichkeit besteht in diesem Symbol für sich. Hier ist scheinbar nichts außer der freien Fläche.

Sie steht als Symbol für die Leere, von der wir zu wissen glauben, was das ist. Und für Symbole gilt allgemein, dass sie zwar für etwas stehen, aber selbst etwas anderes sind. Das wirklich Absolute ist also nicht direkt zugänglich. Hätte es nicht so viel Anziehungskraft, würde ich spätestens an dieser Stelle aufhören.

Ich wechsle zu einem anderen Symbol. Es ist der Punkt links von diesem Absatz.

· Er ist etwas ganz Selbstverständliches in unserem Leben und der Ausgangspunkt (!) für den Versuch, dem Verstand das Absolute womöglich doch besser aufzubereiten. Ich bezeichne diesen Punkt genauer als Nullpunkt und verwende ihn, um mir mit seiner Hilfe den Urzustand, wie er vor dem nun einmal angenommenen Urknall geherrscht haben könnte, ansatzweise vorzustellen. Dieser Urzustand gilt für mich auch als Nullzustand. In ihm findet jeder Gegensatz seinen Ausgleich. Jedes Ja und Nein, jedes Richtig und Falsch wird darin bedeutungslos, weil sie alle Teile desselben am selben theoretischen, tatsächlich nicht vorhandenen Ort sind. Jede Entscheidung erübrigt sich oder hebt sich darin auf, denn es gibt keinen Unterschied. Alles, was existiert, ist eine Einheit mit sich selbst, die an nichts anderem messbar ist. In der Ununterscheidbarkeit würde grenzenlose Harmonie herrschen, wenn dort überhaupt etwas wäre. Oder Chaos in seiner wahren Wortbedeutung: das Ununterscheidbare.

Die Selbstverständlichkeit eines Punktes liegt darin, dass wir nicht lange über ihn nachdenken. Er ist immer wieder praktisch, wenn es darum geht, einen Punkt zu machen; im Leben ebenso wie hier in diesem Text. Gerade bei letzterem ist der Punkt als Satzzeichen etwas Räumliches, das heißt, er hat eine Ausdehnung. Vereinbaren wir einen Treffpunkt oder vertreten wir unseren Standpunkt, gibt es gleichfalls einen tatsächlichen oder gefühlten räumlichen Bereich, von dem wir ausgehen. Es gibt jedoch auch sehr alltägliche Verwendungen, wo der Punkt keine räumliche Ausdehnung hat und damit nur theoretisch existent ist. Typisches Beispiel ist der Mittelpunkt eines Kreises. Hier ist er etwas Abstraktes, das zwar ein Zentrum festlegt, aber dessen präzise Darstellung ausschließt. Bei genauer Betrachtung darf der Platz, den die Zirkelspitze braucht, keine räumliche Ausdehnung haben, ohne geometrische Definitionen zu stören, und müssten wir Punkte in der Mathematik etwa bei der Berechnung von Kurvenfunktionen als eigenes Maß berücksichtigen, wäre das Leben wohl noch komplizierter. So zeichnen wir beispielsweise auch eine Linie als gemeinte kürzeste Strecke zwischen zwei Punkten, ohne die Punkte selbst in einer Maßangabe zu berücksichtigen oder zu bedenken, dass die Linie gar nicht sichtbar sein dürfte, weil sie als eindimensionales Element keine Seitenausdehnung hat. Die Aneinanderreihung einer beliebigen Anzahl von Punkten stellt neben der schon erwähnten eindimensionalen Ausdehnung eines einzelnen

Punktes eine Linie sicher, und das führt zum nächsten Zwischenschritt.

● Wie ein großer Punkt aussieht, weiß wohl jeder. Dass ich trotzdem ein Beispiel hierher zeichne, verfolgt eine Nebenabsicht.

○ Ich lasse die Füllung in dem Punkt weg und beschränke mich nur auf seine Umrisse. Vielleicht war das auch die Vorform für unsere heute gebräuchliche Null. Denn die steht als Zeichen dafür, dass an dieser Stelle nichts ist.

∞ Hier sind zwei solcher Punkte aneinandergereiht. Worauf ich mit dieser Darstellung hinauswill, zeigt sich etwas vertrauter in der nächsten Skizze. Vielleicht ist die Ähnlichkeit zufällig, aber ich glaube nicht daran.

0 ————— ∞ Die Ähnlichkeit bezieht sich auf die Zeichen links und rechts vom Strich. Links steht eine Null in der üblichen Schreibweise, rechts das Unendlichzeichen aus zwei kreisähnlichen Gebilden oder als liegende Acht, wie es mein Computer darstellt. Die Symbolik ist wohl die gleiche. Sicher nicht so offensichtlich ist das Zustandekommen der Linie. Sie besteht aus der Aneinanderreihung einer bereits unendlichen Anzahl von Punkten, die eigentlich Nullpunkte sind. Sie haben keine Ausdehnung, und was keine Ausdehnung hat, braucht keinen Platz. Daher können auf jeder Stelle unzählig viele davon sein und auch ein einziger ließe sich beliebig weit ins Unendliche auseinanderziehen.

118

Nichts wird auch dann nicht mehr, wenn ich es mir größer vorstelle. Es hat keine Substanz und kann jeden denkbaren Raum umfassen. Daher würde es keine Aneinanderreihung brauchen, um jede Form damit darzustellen. Es liegt in der Eigenschaft des Nullpunktes, keine Grenzen zu haben, damit nicht zu existieren und gleichzeitig überall sein zu können. Ihn in die Länge zu dehnen oder beliebig oft zu wiederholen, ist ein Kunstgriff, um das in unserer Welt Unmögliche sichtbar zu machen. In der ist es nämlich unmöglich, dass zwei so gegensätzliche Begriffe wie Nichts und Alles oder Anfang und Ende an derselben Stelle stehen können. Und nicht nur das: Alle denkbaren Gegensatzpaare und sonstigen Begriffe sind im Nullzustand enthalten. Die Frage liegt in der Antwort, die Anziehung in der Abstoßung, das Hoch im Tief, das Licht in der Finsternis, das Gesunde im Kranken und jeweils auch umgekehrt. Allerdings ruhen sie hier als Möglichkeiten. Möglich ist etwas bei scharfer Auslegung nur solange, als es nicht verwirklicht ist. Dann wäre es bereits Realität. Da nichts da ist, was etwas anderes ausschließt, ist die denkbare Vielfalt dieses Zustandes grenzenlos.

Die gezeichnete Linie ist nicht mehr grenzenlos. Sie ist verwirklicht und hat einen Anfang und ein Ende. Der Vollständigkeit halber sei angemerkt, dass ihre Sichtbarkeit künstlich ist und mit ihrer Natur, nur eine Dimension zu beinhalten, nichts zu tun hat. Die Darstellung beruht lediglich auf einer fiktiven Längenausdehnung eines einzigen Punktes oder eben unendlich vieler solcher Punkte. Sie braucht in diesem Zustand in jeder beliebigen Länge keinen Raum, denn sie hat keinen räumlichen Inhalt. Als eindimensionales Kunstobjekt kennt sie nur eine Richtung. Die führt ausschließlich geradeaus. Jede Seitenausdehnung oder Abweichung von der Geraden ist begrifflich ausgeschlossen. Wir brauchen sie aber trotzdem. Mag ein Strich noch so dünn sein, er ist mit seiner Seitenausdehnung eine Krücke, mit der wir ihn sehen können.

Nun ist diese Linie nur dazu gedacht, durch Trennung von Anfang und Ende für den Verstand sichtbar zu machen, was in einem einzigen Punkt ohne räumliche Ausdehnung vereint ist. Nachvollziehbar wird es durch einen weiteren Kunstgriff:

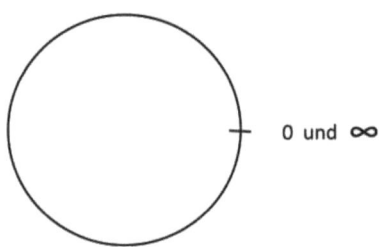

0 und ∞

Er besteht darin, dass die beiden Enden der Linie durch Krümmung in eine zweite Dimension zu einem Kreis zusammengefügt wurden. Der Anfang steht wieder am selben Punkt wie das Ende, und da die Grundlage dafür immer noch der Nullpunkt ist, bleibt es belanglos, an welcher Stelle des Kreises er angenommen wird. Indessen erinnert der Kreis nicht nur daran, dass er immer schon das Symbol der Einheit und der Unendlichkeit war, sondern dass er uns bereits in den Umrissen eines gewöhnlichen Punktes begegnet ist. Allerdings braucht auch er noch keinen Raum. Zwar gibt es eine

Ausdehnung nach Breite und Höhe, aber nicht in die Tiefe. Auch Zweidimensionalität ist substanzlos.

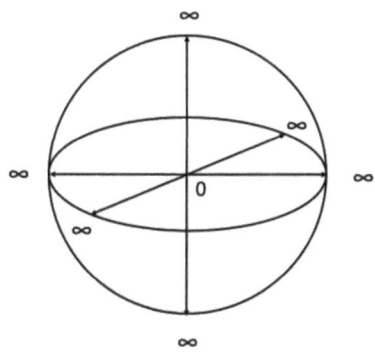

Durch Drehung des Kreises um seine Mittelachse entsteht eine dritte Dimension und damit Raum, in dem Fall eine Kugelform. Eine Kugel ist der geometrische Körper, der bei kleinster Oberfläche den größten Rauminhalt hat. In diesem Gedankengebilde bleibt das bedeutungslos. Vom raumlosen Mittelpunkt aus erstreckt sich jede Dimension ins Unbegrenzte. Während jeder Punkt der Oberfläche ein Zusammentreffen von Anfang und Ende ist, beinhaltet auch jeder Punkt des Rauminhalts alle Möglichkeiten von Null bis Unendlich. Diese Betrachtungsweise ist somit allumfassend und dennoch nur die Verdeutlichung des Potenzials der Grenzenlosigkeit. Was uns davon zugänglich ist, ist eine vertraute Erfahrung: wir sind der Mittelpunkt. Um uns herum dehnt sich das ganze Universum aus. Irgendetwas muss geschehen sein, dass wir uns das einbilden können. Denn das Zentrum und auch der äußerste Umfang dieser Betrachtungsweise ist Null samt allem Dazwischen.

Zur Verdeutlichung: Bei diesen Betrachtungsweisen in Bezug auf den Nullpunkt oder das Absolute – um nichts anderes geht es – ist alles nur reines Potenzial. Es gibt weder eine verwirklichte Zeit noch einen verwirklichten Raum. Es gibt aber auch niemanden in diesem ewigen Jetzt, der das wissen könnte. Alle Möglichkeiten ruhen im Unbewussten. Eine davon ist, dass ihm das bewusst ist.

Die Schöpfung

Schöpfung ist der Vorgang, mit dem etwas, das es vorher nicht gab, entsteht. Alle Kulturen haben Schöpfungsmythen, weil wohl alle den Anfang erklären wollen. In unserer westlichen Kultur hat nun einmal die Bibel einen bedeutenden Stellenwert, und natürlich liefert auch sie an etlichen Stellen mehr oder weniger deutliche Beschreibungen. Eine der bekanntesten steht im Alten Testament gleich am Anfang im Buch Genesis: „Im Anfang schuf Gott Himmel und Erde; die Erde aber war wüst und wirr, Finsternis lag über der Urflut und Gottes Geist schwebte über dem Wasser. Gott sprach: Es werde Licht ..." So geht es sechs Tage lang weiter, bis auch die Menschen da waren und er am siebenten Tag ruhte. Ich merke dazu an, dass er ja sechs Tage lang alle Möglichkeiten erschaffen hat. Daher kannte er sie bereits und wusste, dass es für ihn nichts mehr zu tun gab.

Wenig verwunderlich, dass diese Stelle schon dem Kind, das von mir immer noch ein Teil ist, nicht ausreichte. Sie geht nicht auf die Frage ein, woher denn Gott als der Anfang, der vor dem beschriebenen Anfang liegen muss, gekommen ist. In der Zwischenzeit bin ich doch soweit auch erwachsen geworden, dass ich mich mit der Existenz des Unergründlichen abfinde und zumindest das zu erklären versuche.

Das Absolute ist eine Einheit, in der alles es selbst ist: grenzenloses Potenzial, das an jeder Stelle der Unendlichkeit alle Möglichkeiten beinhaltet, keinen Wunsch offenlässt, aber auch gar keinen haben kann. Er ist bereits erfüllt, und diese Fülle drückt sich in grenzenloser Harmonie mit sich selbst aus. Es gibt keinen einzigen Unterschied. Das ist der Urzustand Gottes. Denn im Zustand aller Möglichkeiten besteht auch die, dass Gott sich seiner selbst noch gar nicht vollständig bewusst ist. Das wäre das Gewahrsein des Unbewussten, das nicht weiß, wie sich eine andere Wirklichkeit anfühlt. Es kennt nur sich selbst in absoluter Vollendung als unüberbietbares Ganzes.

Wie wäre es, nicht ganz zu sein? Die Möglichkeit, das zu erfahren, besteht immer schon in der Unbegrenztheit aller anderen Möglichkeiten, aber nicht die Erfahrung selbst. Die ergibt sich aus der Entscheidung, sie erfahren zu wollen, und einem tatsächlichen Schritt aus der Einheit. Damit existiert etwas Neues , das sich außerhalb von seiner Heimat empfindet, und hier ist nichts mehr wie es war. Hier gibt es Zeit und Raum und damit ein Früher und Später, ein Hier und ein Da. Das Absolute, das für sich ganz geblieben ist, birgt es wie alle Möglichkeiten.

Das Entstandene hingegen ist davon getrennt. Es empfindet sich als Abkömmling von etwas Unbegreiflichem,

das mehr ist als es selbst. Eine Grenze hat sich dazwischen-
geschoben.

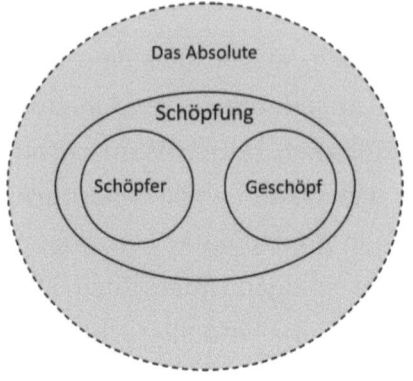

Dieser Schritt bedeutet den Ur-Sprung der Schöpfung. Er besteht in einer ersten Teilung, einem Sprung aus dem Ganzen. Diese Loslösung trägt ihren Ursprung in Form eines weiteren Sprunges in sich fort, der sich seither durch die gesamte Schöpfung zieht: der Sprung, die Grenze, zwischen Schöpfer und Geschöpf. Denn sobald die Schöpfung begreift, dass sie existiert, erfährt sie sich als etwas Gewordenes. Fragt sie sich aber, wodurch sie zum Geschöpf geworden ist, war es ihr eigenes Vermögen, sich dazu zu entscheiden. Sie ist ihr eigener Schöpfer. Allerdings befindet sie sich in der Dualität, in der dies nur nacheinander zu erfahren ist. Das eine ist vom anderen verschieden und kann ohne Bezugspunkt nicht existieren. Dies ist das Typische an der Relativität, die mit dem Verlassen des Absoluten entstanden ist.

Das Absolute ist hingegen als ewiger Dauerzustand unverändert geblieben. Es hat die Trennung nicht mitvollzogen und ist im scheinbaren Hintergrund immer noch die Grundlage für die neue und jede weitere Entwicklung, deren Abschluss mit dem Ende der Zeit in sich bereits feststeht. Ohne Zeit und ohne Raum ist alles jetzt. Unverändert ist es an jeder Stelle der Schöpfung als Gesamtpotenzial erhalten und dort jederzeit erreichbar. Allerdings muss es erst wieder entdeckt werden, und damit wird die Schöpfung lange Zeit mit sich selbst beschäftigt sein. Spätere Wesen der Schöpfung werden diese als den Fall aus der Einheit bezeichnen. Kein Zustand innerhalb der Schöpfung kann das Sein in der ursprünglichen Einheit auf Dauer erfüllend ersetzen. Eine zumeist unbewusste Ur-Erinnerung daran lässt uns alle auf der Suche nach dem Weg zurück ins verlorene Paradies nicht ruhen. Damit erforscht der Eine Geist seine eigenen Möglichkeiten, indem er sich Geschöpfen überlässt, die es ausführen.

Die Dualität

Es ist das Wesen des Absoluten, sich nicht zu reduzieren, weil es an jeder Stelle alles ist. Wenn es als Kreis dargestellt ist, der die Einheit symbolisiert, lässt sich jede weitere Einheit darin ebenfalls als Kreis darstellen. Er umfasst jedoch nicht mehr jede Möglichkeit, sondern nur diejenige, die verwirklicht wurde. Alles andere verbleibt außerhalb von ihm. Das eine ist nicht das andere und ohne das andere wäre es nicht so, wie es ist. Das ganze Universum lässt sich auf diese Weise einfach beschreiben, denn ich kann es auf zwei Teile reduzieren: es besteht aus dem, was ich bin und aus dem, was ich nicht bin. Will ich es genauer haben, kann ich einen oder beide Teile weiter aufgliedern, und immer werden neue Teile darinnen zum Vorschein kommen.

Es heißt, dass jedes Ding zwei Seiten hat, womit gemeint ist, dass ich immer nur eine Seite davon sehen kann. Die andere bleibt mir gleichzeitig verborgen. Das hat zum Begriff der Dualität geführt, der davon ausgeht, dass jede Eigenschaft zu bestimmten anderen in Beziehung steht, die ihr Gegenteil darstellen. Dem Hoch steht das Tief gegenüber, der Krankheit die Gesundheit, dem Feind der Freund, dem Männlichen das Weibliche, dem Absoluten das Relative, dem Bewussten das Unbewusste, dem Himmel die Hölle und so weiter. Naturgemäß gehören auch Eigenschaften wie gut oder böse, richtig oder falsch und schön oder hässlich dazu. Und was oft wohl auch vergessen wird, ist die Tatsache, dass wir als Menschen nicht nur Geschöpfe, sondern auch Schöpfer sind. Fast ununterbrochen. Doch was Gegensätze zu sein scheinen, sind mit einer anderen Betrachtung nur Ergänzungen ihm wahren Sinn dieses Wortes. Etwas wird erst damit ganz. So gilt auch die Ansicht, dass der Tod zum Leben gehört. Manchmal ist etwas schrecklich schön, Unsinniges sinnvoll und ein Unglück das größte Glück, das einem widerfahren konnte. Das Leben serviert ständig polare Gegensätze, zwischen denen es hin und her pendelt und sich auf diese Weise seinen Weg bahnt, um ihn zu erfahren.

Den Chinesen ist es schon vor Jahrtausenden gelungen, die oft so widersprüchlich scheinenden Unterschiede mit einem genialen Zeichen darzustellen. Es ist das Zeichen für Yin und Yang, die polaren Gegensätze des Lebens, die am Ende doch nicht so polar sind und ins Uferlose führen.

Anscheinend waren die Chinesen von vornherein einsichtiger als wir in unserem westlichen Denken, das in seinem Beharren auf Eindeutigkeit vergessen hat, dass die Einheit des Ganzen immer noch im Hintergrund steht und nur ausgeblendet werden kann.

Mit dem Yin-Yang-Zeichen wird die Dualität bei gleichzeitiger Einbettung in die Unendlichkeit in einer bestechenden Einfachheit zum Ausdruck gebracht. Es zeigt einen für die Ganzheitlichkeit stehenden Kreis, der in zwei gegensätzlich gefärbte Hälften geteilt ist und symbolisiert damit die Gegensätzlichkeit oder Ergänzung, die für jede Existenz erforderlich ist. Das hier verwendete Symbol versucht ein Detail zu vermitteln, auf das die meisten anderen Darstellungen verzichten: es geht um den Innenkreis in der jeweiligen Hälfte des Gesamtkreises. Meistens wird er lediglich als durchgehende Fläche in der Gegenfarbe seiner Umgebung dargestellt. Bei genauer Ausprägung ist er aber das exakte Ebenbild des Gesamtkreises und beinhaltet ebenfalls die beiden ineinandergreifenden Kreishälften. In diesen ist aber wiederum der kleinere Kreis in der geteilten Form enthalten, nur oft praktisch nicht mehr darstellbar. Die Wiederholung des immer gleichen Zeichens endet aber nicht mit fortschreitender Verkleinerung. Es ist ähnlich wie das

Spiegelbild in einem Spiegel oder das Videobild, mit dem sich die laufende Kamera selbst vom Monitor aufnimmt. So klein der innere Kreis auch wird, immer noch ist in jedem Teil ein noch kleineres Abbild enthalten. Die Wiederholung führt ins Unendliche.

Weniger deutlich trifft das auch für die Gegenrichtung zu. Das Yin-Yang-Zeichen ist immer Teil seiner eigenen Umwelt. Diese stellt bereits die nächsthöhere Ebene, hier als Druck- oder Bildschirmseite dar, und auch diese ist wieder nur Teil von etwas Größerem, das sich stets in einem Größeren wiederfinden wird. Letztlich endet die Wiederholbarkeit des Prinzips nach oben an den Grenzen des vorstellbaren Universums.

Yin und Yang gelten im Denken des Ostens als die Bausteine des Universums. Yin ist das typisch Weibliche, das mütterliche Prinzip, das stets empfangend und fürsorglich bergend bereitsteht. Es bedarf jedoch der Idee als Same, dessen es sich annehmen kann. Bedingungslos setzt es augenblicklich um, was die Idee bewirkt hat und macht sie als Empfindung oder Gefühl erfahrbar. Die Polarität wirkt sich jedoch auch innerhalb des Yin selbst aus, denn ein Aspekt davon ist, dass sich das Gebende insbesondere in der Natur als gleichzeitig Nehmendes alles wieder zurückholt, sobald die Kraft zum Bestand erlahmt, und auf diese Art wirkt es bedrohlich.

Yang ist das männliche Prinzip, Repräsentant des Geistes und des Denkens, das Ziele und Struktur vorgibt und die Kraft liefert, zu bestehen und sich durchzusetzen. Damit gilt es jedoch auch als Zerstörer des Bisherigen.

Ich mag nicht darauf verzichten, zur Dualität Neale Donald Walsch, den Autor der „Gespräche mit Gott", zu erwähnen, der in Band 1 eine Art Selbstbeschreibung Gottes wiedergibt: „In der Abwesenheit dessen, was ich nicht bin, ist das, was ich bin, nicht." Damit ist sehr kompliziert das ausgedrückt, was einfacher auf das gleiche Ergebnis hinausläuft: Ohne Geschöpf kein Schöpfer und umgekehrt. Sobald der Teil eines Gegensatzpaares wegfällt, verliert der verbleibende seine Bedeutung.

Die Abhängigkeit von einem Gegenstück zeigt sich auch in unserer Sprache dadurch, dass Ungewolltes, nicht Vorhandenes oder nicht Gemeintes in jeder Verneinungsform wie „nicht", „nie" oder „kein" dennoch zum Ausdruck kommt. Hier wird mit der Beschreibung dessen, was nicht ist oder nicht sein soll, zunächst eine Vorstellung davon erschaffen, um gerade diese im gleichen Atemzug gedanklich wieder zu streichen. Ich komme hier auf das Yin-Yang-Zeichen zurück, in dem sichtbar wird, warum ein ausgeblendeter Teil der ursprünglichen Ganzheit immer noch wirksam ist. In jedem Teil bleibt das Ganze erhalten. In ihm ist alles versteckt, was er vermeintlich nicht ist. Als Teil ist er äußerlich einzigartig im Universum. Ganz ist dieses aber nur durch ihn. Das, was er ist, ist er deswegen, weil er alles andere nicht ist.

Trotz der üblichen Aufteilung der Welt in die üblichen Gegensatzpaare der Dualität beinhaltet sie eine bereits vereinfachende Sichtweise, die sich auch in der Skizze zur Schöpfung (Seite 124) auswirkt. In Wahrheit ergibt sich mit jeder Teilung ein drittes Element, das als Ursprung der beiden lediglich in den Hintergrund tritt und mit einer neuerlichen Verbindung um die Teilungserfahrung reicher wieder sichtbar wird. Die etwas seltsam anmutende Rechnung sowohl bei der Aufteilung als auch bei der Verbindung ist $1 + 1 = 3$. Vielleicht leichter nachvollziehbar ist dies in der Verbindung von beispielsweise Mann und Frau zu einem Paar, das ein neues Element bildet. Das Paar ist ein neues Ganzes. Allgemein ausgedrückt: durch die Verbindung zweier Teile entsteht die Summe als drittes Element. Wird ein einzelnes Element geteilt, entstehen zwei neue Teile davon und das frühere bleibt als Ursprung zumindest in der Vergangenheit erhalten. Alle können mit anderen zu neuen Elementen kombiniert werden. Stets bildet sich durch Teilen und Verbinden bisher so nicht Dagewesenes und führt zu neuen Erfahrungen.

Die Vielheit

In der Hierarchie ist die Beziehung von Einheiten zueinander in einer logischen Gliederung erkennbar. „Hierarchie" stammt aus dem Griechischen und bedeutet „Heilige Ordnung" oder „Heilige Herrschaft". Die Herrschaft ergibt sich aus einem System der Über- und Unterordnung, bei dem die obere Ebene bestimmt, was unterhalb davon möglich ist.

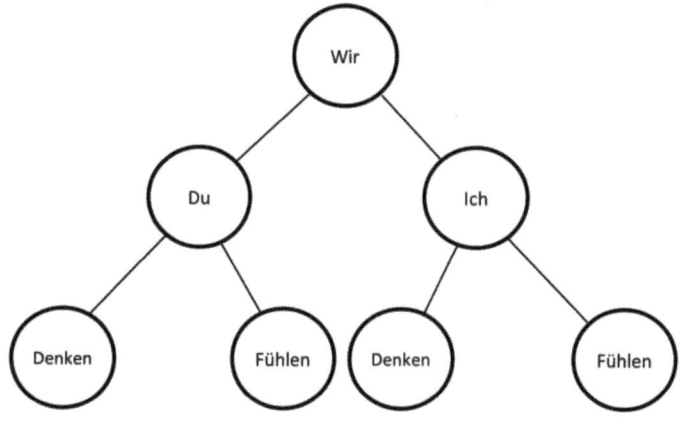

Das Typische an der Hierarchie liegt darin, dass sich von der Spitze weg eine Verzweigung ergibt, mit der sich etwas immer weiter in zumindest zwei Einzelheiten aufteilt und eine Pyramidenform annimmt. Jeder Baum, jedes Netz von Gewässern, jeder Organismus setzt sich aus der Verbindung von Einheiten zusammen, die in einem einzelnen Gesamten münden. Dieses ist aber wieder nur Teil von etwas Größerem. Die Chinesen haben das gleiche Prinzip mit ihrem Yin-Yang-Symbol nur etwas anders dargestellt.

Jeder Endpunkt in der Verzweigung kann zum Ausgangspunkt für eine weitere Verzweigung werden. Die Möglichkeit zur Aufgliederung ist theoretisch unbegrenzt. Unabhängig davon, wie weit sich ein solches System ausbreitet, ist jeder Teil darinnen über die Verbindungslinien nach oben mit jedem anderen Teil verbunden. Alle Elemente darinnen stehen zueinander in einer Beziehung. Ihre Bezeichnung ist austauschbar und in der Skizze nur als beispielhaft anzusehen.

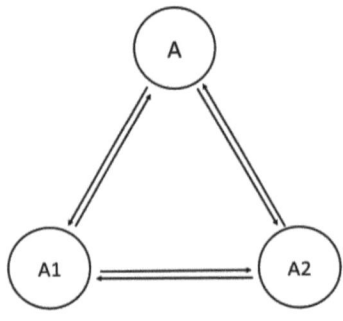

Bei einer hierarchischen Gliederung lässt sich unschwer das Dreieck als Baustein erkennen. Es ist gekennzeichnet von einem Spannungsverhältnis zwischen seinen drei Eckpunkten. Dieses ergibt sich aus unterschiedlichen Funktionen und Wechselwirkungen. Die Spitze dominiert über in diesem Fall zwei nachgeordnete Elemente, an die nur der Inhalt aufgeteilt werden kann, über den sie selbst verfügt.

Die Nachgeordneten stehen gleichberechtigt auf einer Ebene, haben aber unterschiedliche Funktionen. Sie repräsentieren die Auffächerung des Inhalts, der davor in der Spitze enthalten ist.

Alle drei Elemente sind voneinander abhängig und gleichwertig. Die Dualität besteht auch zwischen ihnen. Ihr jeweiliges Anderssein bewirkt die Stabilität, ohne die alles wieder zu einem würde.

Die Universalität des Dreiecks steht schon am Beginn der Schöpfung. Die Dreieinigkeit Gottes, wie sie das Christentum lehrt, ist ein Dogma und ein in vielen Kirchen auffindbares Symbol. Vater, Sohn und Heiliger Geist sind seine Elemente.

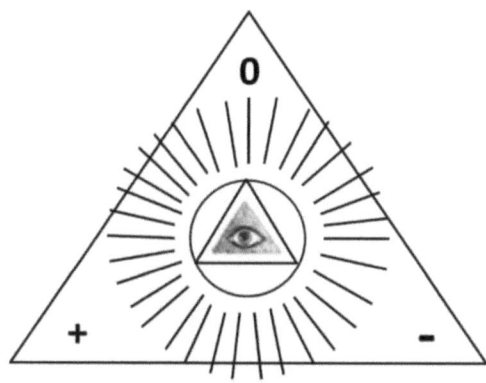

Der Geist, das darüberliegende neutrale Element, ist das ungeteilte Ganze. Hier sind Allmacht und Ohnmacht als Teile aller Möglichkeiten an einem einzigen Nicht-Ort vereint. Die Basis des Dreiecks kann mit Vater und Sohn gleichgesetzt werden. Sie entstammen der typisch patriarchalen Sprache, von der insbesondere die Bibel geprägt ist. Der Vater ist Schöpfer und sein Sohn das Geschöpf. Yang als unbegrenzter Wille und ebensolche Tat sowie Yin als bedingungslose Hingabe an diesen Willen, das die Erfahrung jeglichen Seins ermöglicht, wären nur andere Begriffe dafür. Sie repräsentieren das Entstehen der Dualität mit dem Augenblick der Schöpfung, und in dieser Form sind beide bereits Elemente der Zeit. Über sie verwirklicht der Geist die Erfahrung der Allmächtigkeit auf dem Weg in die grenzenlose Erfahrung, indem er unsichtbar in jeder vorstellbaren Einzelheit enthalten bleibt. Das Göttliche Auge symbolisiert die Teilhabe an jeder Erfahrung durch bloße Beobachtung, ohne sich selbst daran zu beteiligen. Es ruht im Zentrum der Hierarchie und ist das, was wahrnimmt. Alle Elemente der Dreieinigkeit sind an jeder Stelle voneinander durchdrungen. Für ihre Entfaltung wäre Raum erforderlich, den erst jemand erschaffen müsste, und das hat die Dreifaltigkeit in ihrer Form als Schöpfung getan.

Das Wort

„In der Dualität ist das Nichts der Gegensatz zum Alles. Nur in der Zeitlosigkeit des Absoluten besteht beides im Raumlosen als ewige Einheit." Mit dieser Aneinanderreihung von Worten entstehen Vorstellungen, die sogar das völlig Abstrakte in den Bereich des Denkbaren ziehen und es damit als Begriff erschaffen. Wie alles Begreifliche und Unbegreifliche ist auch das Wort ein Teil der Schöpfung, die ohne das Wortlose nicht sein könnte.

In der Bibel ist dem Wort am Beginn des Johannes-Evangeliums eine bekannte Stelle gewidmet: „Im Anfang war das Wort, und das Wort war bei Gott, und das Wort war Gott. Im Anfang war es bei Gott. Alles ist durch das Wort geworden und ohne das Wort wurde nichts, was geworden ist. In ihm war das Leben und das Leben war das Licht der Menschen. Und das Licht leuchtet in der Finsternis und die Finsternis hat es nicht erfasst."

Lange Zeit war das mehr als kryptisch, bis ich begriff, dass sich der Text selbst erschließt. Das Wort ist das Wort an sich. Es ist der Gedanke, der erschafft. Es ist ein Symbol, und wie jedes Symbol meint es etwas, was es nicht selbst ist. Es ist ein Begriff, und nur, wer ihn verwendet, weiß, was wirklich damit gemeint ist. Darum braucht es oft sehr viele Worte, um etwas verständlich zu machen. Denn

Worte sind als übersetzte Vorstellungen interpretationsbedürftig. Die gleichen Dinge haben in den verschiedenen Sprachen unterschiedliche Namen und für viele Dinge gibt es mehrere Worte. Diese stellen aber nur die Hülle für einen Inhalt dar und sind nicht der Inhalt selbst. Durch diese Getrenntheit sind Missverständnisse und Manipulationen nicht ausgeschlossen.

Ein geradezu heikles Beispiel dafür ist das Wort „Gott". Allein der männliche Artikel in der deutschen Sprache für Gott ist schon die Vorentscheidung für ein männliches Bild, das von unserer Kultur so kräftig genährt wird. Gott ist nicht nur Er, sondern auch Sie und Es und mehr als alle Begriffe. Dennoch beharrt so gut wie jede Religion darauf, dass nur sie das richtige Bild von Gott oder den Göttern hat; von der Vorstellung des Einzelnen ganz zu schweigen.

Eigentlich sind alle Wörter Fürwörter wie „er", „sie" oder „es". Sie stehen für etwas, und das Wort „etwas" ist noch allgemeiner als Fürwörter. Es gibt eine noch unbestimmte Existenz vor, die damit nicht mehr Nichts sein kann, und das Wort „Nichts" ist ein Beispiel dafür, dass sogar etwas, was gar nicht vorhanden ist, mit dem Wort Substanz erhält. Das Nichts ist damit nicht mehr nichts, sondern etwas.

Das Wort stellt als Mittel unseres Denkens je nach den Umständen fest, was war, was ist, was werden wird und was sein soll, und ebenso, was nicht war, was nicht ist, was nicht werden wird und was nicht sein soll. Es ist in der Lage, allem Denkbaren eine Form zu geben und umgekehrt Vorstellungen davon auszulösen. Als Weiterentwicklung von Lauten im Tierreich ist es in der Lage, Informationen zu transportieren und Folgen zu bewirken. Wo ein Wort oder auch nur ein Gedanke ist, ist Existenz. Es bringt eine Gegebenheit zum Ausdruck, die spätestens damit geistig existiert und Teil der Schöpfung ist. Daher war das Wort nicht am Anfang, sondern im Anfang.

Zeit und Raum

Ohne Zeit wäre alles noch dort, wo es war, und mit dem Wegfall der Zeit stürzt es wieder auf diesen einen Ort zusammen: in das Chaos. Wie schon einmal erwähnt, meint es nicht das Durcheinander, wie wir es verstehen, sondern in der wörtlichen Übersetzung des altgriechischen Wortes ist es das Ununterscheidbare, das ich versucht habe, mit dem Absoluten zu umschreiben. Die Dualität erlaubt uns eine getrennte Betrachtung von Anfang und Ende und damit die bereits erwähnte Unterscheidbarkeit alles Existenten. Jede Ursache hat eine Wirkung, und diese wird zu einer neuen Ursache, ohne die es keine Wirkung gibt.

Durch die Trennung von Anfang und Ende entsteht eine Distanz. Um eine Distanz zu überwinden, braucht auch die Lichtgeschwindigkeit Zeit. Wo Zeit ist, ist gleichzeitig Raum. Ein Zeitraum wird klassisch in Vergangenheit, Gegenwart und Zukunft unterteilt und einer dieser Kategorien zugeordnet. Das ist so selbstverständlich, dass eine grafische Darstellung geradezu lächerlich wirkt:

Vergangenheit	Gegenwart	Zukunft

Dadurch wird jedoch auch die Gegenwart als Zeitraum sichtbar. Dies ist eine Unschärfe, die unseren Alltag vereinfacht. Mit „Jetzt" meine ich das, was ich gerade tue, auch wenn ich schon einige Minuten oder noch länger damit beschäftigt bin und es jetzt auch noch ein bisschen länger tun werde. Das erspart mir die Verlegenheit, in die ich käme, wenn ich „jetzt" genauer definieren müsste. Ich könnte es nicht, weil es ein Zeitpunkt ist und kein Zeitraum. Die Grafik sieht dann so aus:

Vergangenheit	Zukunft

Die Gegenwart ist nun scheinbar verschwunden. Rein optisch besteht sie noch in dem Unterteilungsstrich zwischen Vergangenheit und Zukunft, aber selbst diesem mangelt es an Präzision. Er dürfte nämlich überhaupt nicht sichtbar sein, denn er hat keine Seitenausdehnung. Hier begegnet uns der Nullpunkt wieder, aus dem sich die Dualität entfaltet hat. Die Konsequenz für unseren gewohnten Umgang mit der Zeit wird auf diese Weise beschwerlich. Es gibt nämlich keine Gegenwart mehr, die irgendwie erfasst werden könnte. Die Grenze zwischen Vergangenheit und Zukunft hat wie jede andere keinen Raum. Die Zukunft wird dort übergangslos zur Vergangenheit. Das zeigt, warum es für uns so schwer ist, in der Gegenwart zu bleiben und wir ständig entweder in die Vergangenheit oder in die Zukunft abschweifen. Das Jetzt oder der Moment, von dem wir reden können, ist immer nur ein mehr oder weniger großer Zeitraum.

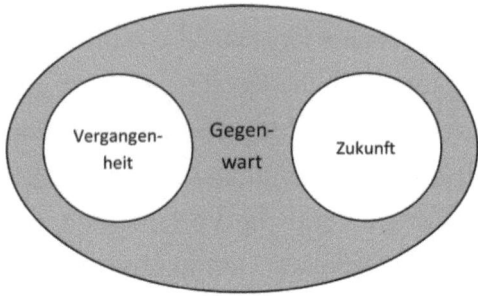

Eine zweite Betrachtungsmöglichkeit geht von einer ständig existenten Gegenwart aus. In ihr verschwinden Vergangenheit und Zukunft oder werden zu den Teilen, aus denen die Zeit besteht. Jeder Gedanke an eine der beiden und jedes Erleben findet immer nur im Jetzt statt. Es gibt keine Möglichkeit, es zu verlassen. Wir stehen auch in der Bewegung still und die Ereignisse laufen an uns vorbei, ohne dass wir sie festhalten oder vorwegnehmen können, und wir bewegen uns ebenso im vermeintlichen Stillstand. Jede Erinnerung ist ein neues Jetzt und alles, was auf uns zukommen könnte, momentane Realität. Wir sind in der Gegenwart gefangen.

Längst haben wir für dieses Problem eine Lösung gefunden. Wir vergessen einfach, dass es so ist und wählen die Illusion, dass wir die Zeit gestalten können. Das gelingt dann tatsächlich, indem wir unsere Position darin festlegen. In der Vergangenheit oder Zukunft steht die Zeit scheinbar still. Das Vergangene ist unabänderlich geworden, darum können wir darin verharren, und die Zukunft ist ein bloßer Traum, den wir noch gestalten können. Wir haben alle Zeit, die wir uns nehmen, um darinnen zu forschen oder sie auch nur auszukosten. Das können wir so lange tun, bis uns die Gegenwart zurückholt. Diese zeigt uns immer, was soeben wirklich ist. Sobald wir das wissen, können wir es als Tatsache nicht verändern, sondern es bestenfalls neu interpretieren. Es ist vergangen. Was wir uns dabei gedacht haben, steht fest und hat Folgen. Wie sie aussehen, wissen wir nicht sicher. Wir können sie nur berechnen. Das tun wir, indem wir die Erfahrungen der Vergangenheit hernehmen und sie in die Zukunft projizieren. Je weiter und umsichtiger wir dabei in die Vergangenheit zurückgreifen, umso besser glauben wir damit die Zukunft planen zu können. Unabänderlich bleibt, dass etwas mit dem Zeitpunkt, wo wir es wahrnehmen, bereits vorbei und die Gegenwart alles ist, was wir von der Zukunft wissen.

Die Gegenwart ist ein ununterbrochenes Werden. Es ist die Grenze zwischen dem Bekannten und dem Unbekannten. Das sind andere Namen für Vergangenheit und Zukunft.

Die Zeit ist paradox. Sobald wir die Vergangenheit aufgreifen, wird sie zur neuen Gegenwart und gestaltet aus ihr heraus die Zukunft. Vergangenheit und Zukunft nicht als Band, sondern als Kreis dargestellt, wo sie jeweils zwei Hälften des Umfanges bilden, zeigt sie als ein Ganzes. Die Vergangenheit mündet in die Zukunft und die Zukunft in die Vergangenheit. Beides macht den Kreis vollständig und bildet eine nicht endende Gegenwart. Erst in ihr sind wir ganz. Bis dahin scheinen wir mit der nächsten Runde alles wieder so in unserer Zukunft vorzufinden, wie wir es in der Vergangenheit verlassen haben.

Alle Zeit ist gleichzeitig der Raum, den der Geist mit seiner Entfaltung erschafft. Es ist der Schauplatz aller Ereignisse, die im Universum sowohl auf physischer als auch geistiger Ebene stattfinden. Aufgeteilt ist er durch Grenzen, wie auch er durch eine Grenze umfasst ist. Jede Gegebenheit hat darin für immer ihren eigenen Raum, in dem sie entstanden ist. Mit jeder Weiterentwicklung entsteht ein neuer Erfahrungsraum, mit dem sich die Schöpfung immer weiter ins Unbegrenzte ausdehnt und dabei alles Bisherige beinhaltet.

Grenzen

Ohne Begrenzung ist keine Unterscheidung möglich. Solange es keine gibt, ist alles dasselbe Ding, das nirgends aufhört. Das Problem dabei ist, dass es eben auch nirgends anfängt.

Durch Begrenzung entsteht Existenz, und alles Vorstellbare ist von vornherein begrenzt, weil die Vorstellung nicht darüber hinausreicht. Allerdings genügt eine bloße Vorstellung, um den Eindruck von etwas zu erzeugen. Denken erschafft also und begrenzt gleichzeitig das damit existent Gewordene auf das Gedachte. Was es ist, bedarf der Definition. Damit schließt sich ein Kreis, denn „definieren" ist lediglich der lateinische Ausdruck für begrenzen. Etwas wird damit für den Verstand handhabbar. Das Formulieren, mit dem etwas eine Form erhält, besteht im Gebrauch von Worten. Würden diese fehlen, wäre auch dies bereits eine Form von Definition, weil ein Zustand hiermit benannt wird.

Benennen oder Beschreiben definiert. Der Gedanke bestimmt, was es ist. Benannt sind auch das Unbenannte und das Unvorstellbare. Keine Grenzen hat nur, was weder benannt noch bekannt ist und somit für den Verstand nicht zugänglich, schlicht unbewusst ist. Hier auf das Absolute hinzuweisen, auf den raumlosen Punkt, der sich jeder Vorstellung entzieht, bringt nichts – außer einem praktischen Ansatz, der sich neuerlich der Begrenzung bedient. Das Unbegreifliche wird damit handhabbar, besser gesagt, denkbar. Auch mit „unbegreiflich" entsteht bereits ein Begriff, ein Be-Griff zum Anfassen dessen, was sonst nicht erfassbar wäre.

Mit der Benennung ist etwas also vorhanden. Tisch, Sessel, Haus und Berg sind Beispiele dafür, wie etwas in der Vorstellung allein bereits bei seiner Benennung im Kopf entsteht, ohne dass es tatsächlich vorhanden sein muss. Es sind Begriffe für begrenzte Dinge, die wir als selbstverständliche Bestandteile unserer Umwelt kennen und kaum darüber nachdenken, dass es die Grenzen sind, die etwas Dingliches zu dem machen, was unserer Vorstellung entspricht. Auch abstrakte Begriffe wie „und", „oder" oder

„nichts" werden von uns problemlos verwendet, obwohl sie ein reines Denkgebilde sind und als solches in der physischen Welt nicht greifbar werden können. Dennoch bewirkt ihre Begrenzung, dass sie den Raum, den sie selbst in einer unbewussten Vorstellung einnehmen, halten und sie sich wie physische Gegenstände handhaben lassen.

Definieren ist keinen fixen Regeln unterworfen. Die spontane Benennung auch nur des ersten Eindrucks von irgendetwas beschreibt bereits diesen Eindruck. Sobald etwas Grenzen hat, ist es von allem Übrigen unterscheidbar. Der Dualität folgend, entstehen mindestens zwei Teile: das soeben Begrenzte und der Rest, selbst wenn er noch unbegrenzt wäre. Um mehr darüber zu erfahren, bedarf es zusätzlicher Definitionen. Mit jeder weiteren Bestimmung wird das Übrige ausgeschlossen. Wenn etwas winzig ist, kann es nicht mehr riesig sein, und wenn etwas schwarz ist, schließt es jede andere Farbe aus.

Es kann aber auch als das beschrieben werden, was es nicht ist. Von fünf anwesenden Personen vier zu benennen, die ich nicht meine, ist vielleicht kein sinnvolles, aber denkbares Beispiel dafür, doch bevor einem Kind alles aufgezählt wird, was es tun darf, wird es manchmal wohl unumgänglich sein, klar zu sagen, was es nicht darf. Die Verneinung von etwas ist also ein wirksames Definitionsmittel. Ohne dass es auffällt, sind etwa die Vorsilbe „un-" oder Worte wie „nicht", „kein" und „nie" laufend in unserer Sprache enthalten.

Das Erstaunliche an einer Grenze ist seine Inhaltslosigkeit. Was zwischen zwei Teilen zu liegen scheint, ist nicht vorhanden, es ist nichts Eigenes. Jeder Teil begrenzt sich dadurch, dass er dort aufhört, wo der andere anfängt. Er ist entweder das eine oder das andere. Grenzen sind raumlos. Sie brauchen keinen Platz und können überall dazwischen in beliebiger Ausdehnung raumfüllend gedacht werden. Wo sie nicht gedacht werden, sind sie auch nicht mehr. Ihr Wegfall verbindet wieder. Wenn die letzte Grenze fällt, ist nichts mehr - außer dem Unbegrenzten.

Trotzdem können Grenzen als sehr scharf und kompakt erscheinen. Dann liegt es an der Distanz, aus der ich draufschaue. Dass die Grenze zwischen Tag und Nacht und den Jahreszeiten ein allmählicher Übergang ist, ist vertraut. Dass sie beispielsweise auch bei diesen Buchstaben hier ebenso allmählich ist, würde sich nur mit dem Vergrößerungsglas zeigen. Näheres Hinsehen nimmt sowohl Schärfe als auch Eindeutigkeit. Der Dualität entkommt auch die Grenze nicht.

Einheiten

Der gesamt Raum, den die Schöpfung bietet, ist eine Einheit, die aus Einheiten besteht. Was als Einheit gilt, bedarf der Definition.

Die herkömmliche Verbildlichung der Einheit als Kreis zeigt bereits das Wesentliche: es gibt ein Innen und ein

Außen. Dazwischen liegt eine Grenze. Diese Grenze ist die allseitige Hülle dessen, was damit wahrnehmbar wird. Gleichzeitig wird sie zum Träger einer Bezeichnung. Dieses zunächst zweidimensional dargestellte Schema bleibt auch in der physischen Realität gleich. Hier umschließt jede Hülle einen Raum. So bizarr die Außengrenzen eines Raumes, den ein Gegenstand füllt, auch erscheinen mögen, ist sein Inhalt auch als Kugel oder Blase symbolisierbar. Das alles Umfassende mit all seinen Details in eine hierarchische Gliederung gebracht, erschiene als Blase, in der Blasen sind, in denen bis zur Unendlichkeit Blasen sind. Die ohnedies nur fiktive Leere dazwischen ist die beliebig dehnbare Grenze bis zum nächsten Objekt.

Dieser Ausflug in die Dreidimensionalität soll nur die Raumhaftigkeit jedes Inhaltes unterstreichen, auch wenn dieser in der Folge wieder als Kreis gehandhabt werden wird. Es ist nämlich der Inhalt, der dem Kreis und allem anderen Vorstellbaren die Substanz verleiht. Jede Existenz nimmt einen zumindest geistigen Raum ein, dessen Inneres für immer einzigartig bleibt und nur von dem Etwas erfahren werden kann, das sich darinnen aufhält. Alles andere kann nur vermuten, wie es wäre, dort zu sein und diesen Zustand zu erfahren. Daraus erklärt sich der Unterschied zwischen Inhalt und Hülle. Die Hülle kann höchst unterschiedlich interpretiert werden und erhält dann auch die entsprechenden Bezeichnungen. Ob sie mit dem dahinter liegenden Zustand übereinstimmt, ist von außen bestenfalls annähernd feststellbar und erklärt die zahlreichen

Irrtümer, Missverständnisse sowie auch Etikettenschwindel im Alltag.

Jede Einheit, egal ob belebt oder unbelebt, kann als eigenes Wesen betrachtet werden, das es ein zweites Mal in der gesamten Schöpfung nicht gibt. Mögen es Milliarden oder Abermilliarden an Sandkörnern, Himmelskörpern, Schneeflocken, Molekülen oder auch Menschen sein, hat jede Einzelheit in Zeit und Raum ihre eigene Position. Damit wiederholt sich das Gesetz der Dualität, dass das eine für sein So-Sein vom anderen abhängig ist, also auch das restliche Ganze ohne die letzte Einzelheit nicht vollständig wäre.

Einheiten dienen auch dazu, Gleiches oder Ähnliches in ihnen zusammenfassen zu können. Ebenso kann eine Einheit auf beliebig viele Untereinheiten aufgeteilt werden. Jedes Mal wird dabei Neues geschaffen, und jede Idee ist eine eigene Einheit. Einheiten können, abgeleitet vom lateinischen „creare" für „erschaffen, schöpfen", daher auch als Kreationen bezeichnet werden. Das „Solve et Coagula", mit dem schon die alten Alchemisten durch das lateinisch ausgedrückte Lösen und Verbinden von Einheiten experimentierten, ist ein das Leben durchziehender kreativer Prozess, der manchmal wie Magie erscheint. Dabei liegt die Magie in jeder Verbindung. Sie entsteht aus dem Synergieeffekt, durch den das entstandene Ganze mehr ist als die Summe seiner Teile. Es ist um eine Erfahrung, um eine Einheit, reicher geworden. Das insgesamt Vorhandene wächst.

Energie

Um Dinge schaffen und bestehen lassen zu können, ist Energie erforderlich. Ohne deren Einsatz kann nichts entstehen und Bestehendes nicht verändert werden. Sie ist daher eine Grundvoraussetzung für unsere Welt, wie wir sie wahrnehmen. Anders herum: ohne Energie bewegt sich nichts. Sie ist Voraussetzung und Treibstoff für jede Existenz. Laut Aristoteles ist Energie die Kraft, mit der Mögliches in Seiendes übergeführt werden kann. Statt dieser eher poetischen Umschreibung verwendet die heutige Physikwissenschaft deutlich abstraktere Formeln und Beschreibungen. Vorausgesetzt wird dabei stets das Vorhandensein von Energie in einem System, in dem Energie nur verschoben, aber weder vermehrt noch vernichtet werden kann. Woher aber die Kraft wirklich stammt, die die Dinge entstehen ließ und das Universum in Bewegung hält, wird nicht abschließend beantwortet. Auch Einstein mit seiner so einfach wirkenden Formel, dass Energie das Produkt aus Masse mal Lichtgeschwindigkeit zum Quadrat ist, trägt nicht gerade entscheidend zum Verständnis des Phänomens Energie für den Normalbürger bei. Dem reicht das praktische Wissen, dass mit entsprechendem Krafteinsatz Pläne, die zunächst nur im Kopf sind, in die Realität umgesetzt werden können; Mögliches also in Seiendes übergeführt werden kann. Energie scheint in einem bestimmten Umfang einfach überall zur Verfügung zu stehen, auch wenn sie der Wissenschaft immer noch Rätsel aufgibt. Sie wartet aber darauf, gelenkt zu werden, sei es vom Willen der Menschen oder den Gesetzen, die sich die Natur selbst gegeben hat. Blindlings folgt sie jeder Anweisung, auch wenn sie damit millionenfach gegen sich selbst eingesetzt wird und sich dabei scheinbar aufreibt. Am Ende hat sie sich nur umgewandelt und steht in einer neuen Form ungeschmälert zur Verfügung. Seit seinem Anbeginn hält sich das Universum damit in Gang, dass sich die vorhandene Energie ständig in neue Formen umwandelt und in Summe erhalten bleibt.

Energie schwingt in einer Wellenbewegung. Diese Schwingung wird definiert durch die Anzahl der Wellen pro Zeiteinheit und in dieser Form als Frequenz oder Wellenlänge bezeichnet. Das Fehlen von Schwingung bedeutet Stillstand; die Null steht auch hier wieder dem Unendlich auf der Gegenseite gegenüber. Zwischen diesen beiden Polen ist jede Frequenz denkbar. Der Menschheit ist jedoch nur ein schmaler Ausschnitt davon zugänglich.

Jede Wellenlänge kann als eigene Einheit betrachtet werden. Diese Einheiten unterliegen dem Resonanzgesetz insofern, als gleiche Frequenzen verstärkend aufeinander wirken und sich daher anziehen. Sie gelten als harmonisch. Andere, die sich durch ein Aufeinandertreffen von Wellenberg und Wellental mehr oder weniger auslöschen und jedenfalls gegenseitig stören, wirken dissonant. Die Qualitäten der einzelnen Energieeinheiten verdichten sich durch Überlagerung und Massierung zu immer mächtiger werdenden Energiefeldern, bis sie als Realität spürbar werden und auch physische Gegenstände bilden. Das führt dazu, dass wir die Realität am Dichtegrad ihrer Erscheinungen messen. Jede Bewegung, und sei es nur ein Gedanke oder ein Gefühl, beruht auf Veränderung durch Fließen von Energie.

In Bewegung gerät Energie durch einen Potenzialunterschied zwischen zwei Einheiten, den wir in der Elektrik als Spannung bezeichnen. Die gleiche Spannung besteht jedoch durch jeglichen Frequenzunterschied zwischen Einheiten. Sie bewirkt das Bestreben nach Ausgleich. Auf welche Weise dieser Ausgleich entstehen kann und ob er zugelassen wird, hängt vom Bewusstseinszustand beziehungsweise der Beschaffenheit der jeweiligen Einheit ab.

Die Begrenzung frei schwingender Energie durch Definition macht sie zur Masse. Das gilt allgemein und zeigt sich in der Doppelnatur des Lichts. Es ist Teilchen und Welle. Eine Festlegung auf nur eines davon beschränkt es auf ein entweder - oder. Als Teilchen ist es Materie.

Bewusstsein

Bewusstsein ist bewusstes Sein. „Bewusst" leitet sich laut Wörterbuch vom mittelhochdeutschen „sich auskennen, wissen" ab. „Sein" ist der Zustand, in dem sich etwas befindet. Bewusstsein setzt demnach Existenz voraus, die um sich weiß.

Eine etwas andere Definition habe ich einmal im Internet gesehen und dann nicht mehr gefunden: Bewusstsein ist das Gewahrsein von Bewusstheit. Bewusstheit umfasst als Summe von Sein und Nichtsein alle Möglichkeiten einschließlich ihres Ausdrucks. Sie macht auch das Unmögliche erfassbar. An keine Voraussetzungen gebunden, ist sie das abstrakte geistige Gegenstück zum ebenso abstrakten undefinierten Sein und nicht nur das Gegenstück, sondern dasselbe Absolute. Vereinfacht würde ich es als die Selbsterfahrung des Seins bezeichnen.

Gewahrsein besteht im Empfinden von Sein. Es ist das Fehlen jeglichen Widerstandes durch Akzeptanz dessen, was ist oder nicht ist, also die bedingungslose Anerkennung von Wahrheit. Es begrenzt nicht von sich aus, sondern respektiert jede Begrenzung, auch die, die ihm auferlegt wird. Selbst hat es keine, weil es überall ist und auch das Nicht-Sein empfindet. Es umfasst jeden Zustand des Bewusstseins und auch des Unbewussten, das heißt, auch jene Bereiche, wo Empfindung etwa durch Schlaf, Ohnmacht, Vergessen oder Unkenntnis nicht wahrgenommen wird. Einfacher ausgedrückt, hängt Sein nicht davon ab, dass es bewusst ist und umfasst in der Bewusstheit alle Formen. Als undefiniertes Sein ist es allen Formen voraus, weil es selbst keine hat und daher jede Form annehmen kann. Dies geschieht durch Definition. Ohne eine Form von „ist" oder „ist nicht" könnte keine Existenz festgestellt und keine Möglichkeit verneint werden. Beides wird dadurch bewusst und ist begrenzt. Das kennzeichnet Bewusstsein und unterscheidet es von der Bewusstheit, die keine Grenzen und auch das Unbewusste kennt.

Die ihm von den Menschen zugerechnete erste Selbstdefinition Gottes – eher wohl Schöpfung - lautet „ICH BIN". Mit dem „Ich" besteht ein Begriff, der eine Existenz beschreibt. Das „bin" bejaht das bewusst wahrgenommene Sein in diesem Raum. Mit den bisherigen Ausführungen ist es naheliegend, dass sich dieses „Ich bin" in alle mit der Schöpfung entstandenen Formen übertragen hat. Gewöhnungsbedürftig ist demnach, dass Gott nicht nur den Menschen nach seinem Ebenbild erschaffen hat. Das Potenzial, sich selbst zu begreifen, ist somit in jeder Kreation enthalten. Vorheriges Dunkel wird durch Bewusstwerdung zum Licht.

Jedes Sein in einer Kreation entspricht ihrer Eigenart und damit auch Einzigartigkeit, die ihr Schöpfer bestimmt hat. Es ist das Wesentliche darin. Darum ist jede Einheit ein Wesen. Sie hat eine Form und einen Inhalt. Diese ergeben sich aus dem Energiefeld, das sie umschließt. Die Energie entspricht der Form, in der die Absicht ihres Schöpfers zum Ausdruck kommt. Damit enthält jede Einheit In-Form-ation. Das Gewahrsein in diesem Raum erlaubt dem ihn ausfüllenden Wesen das Empfinden des spezifischen Seins entsprechend der ihm übertragenen Information, und das macht sämtliche Einheiten zu Informationseinheiten. Jede empfindet sich selbst und damit eine Form von

Existenz, auch wenn ein Ich noch nicht entwickelt und es nur irgendetwas ist. Im mindesten ist es.

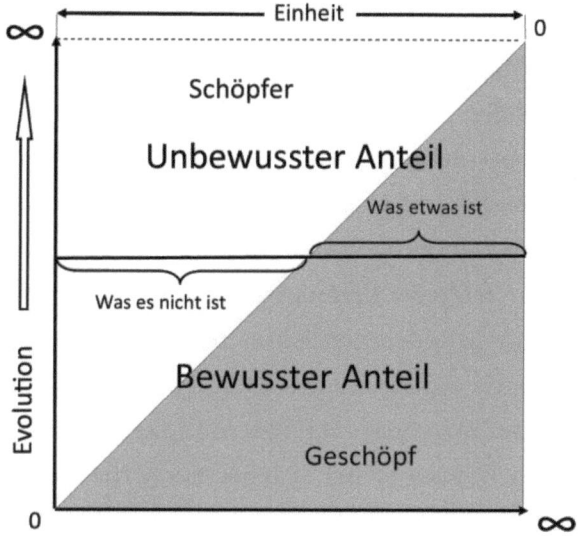

Konkretisiere ich dieses Es durch ein neu geborenes Baby, hat es soeben Existenz als Einzelwesen erlangt. Es ist jedoch in der Rolle des reinen Geschöpfs (dunkles Dreieck in der Skizze), sich seiner Herkunft unbewusst und völlig auf Unterstützung und Fürsorge von außen angewiesen. Es empfindet jedoch Zufriedenheit oder Unbehagen und sendet die Information darüber aus, auch wenn es sie noch nicht benennen kann. Dennoch prägen sich die Eindrücke in ihm ein. Dem Geschehen zunächst passiv unterworfen, lernt es zunehmend, seine Bewegungen zu steuern und seine Befindlichkeit zu beeinflussen. Dies entspricht schöpferischer Betätigung. Mit jeder „Höherentwicklung" von der Grundlinie weg kommt es mehr in den Bereich des

Gestaltens und baut diese Fähigkeit auch später als Erwachsener im Rahmen seiner Möglichkeiten aus. Auch der Erwachsene wird jedoch immer wieder mit der Tatsache konfrontiert werden, dass er nicht alles gestalten kann und zum Teil immer noch ein von den Umständen abhängiges Geschöpf bleibt.

Generell betrachtet, stellt das Quadrat die Bewusstheit und der waagrechte Mittelstrich den Stand des Bewusstseins eines beliebigen Geschöpfs dar. Dieses sieht sich zunächst nur in letzterer Eigenschaft, erfährt sich zunehmend aber auch als Mitgestalter seines Schicksals und baut seinen bewussten Anteil an den anfangs fast vollständig im Unbewussten liegenden Schöpferfähigkeiten aus. Mit der Summe des Bewusstseins wächst auch die Gestaltungsmacht für die Rahmenbedingungen. An der Diagonallinie zeigt sich stets der Anteil der beiden Schöpfungselemente, die sich gegenseitig ergänzen. Mit dem Bewusstwerden der gesamten Fläche ist die Evolution vollendet. Null und Unendlich sind dort in jeder Richtung dasselbe. Schöpfer und Geschöpf haben sich zur Gänze in ihrer Eigenheit erlebt. Obwohl das ewig dauern wird, stand es von Anfang an als ständiges Jetzt fest. Würde die Fläche zu einer an Ober- und Unterkante zusammengefügten Rolle geformt werden, wäre ihr Querschnitt ein Kreis. Er ist das Symbol der ungeteilten Schöpfung in dem Moment, als sie mit dem „Ich bin" in die Zeit trat und mit sich selbst die größte Einheit bildete. Als Einheit wiederholt sie sich bis in die kleinste Ausformung endlos.

Eine Eigenschaft des Bewusstseins ist Wille. Wille ist ein auf ein Ziel gerichtetes Wollen. Der Weg dahin besteht in der Ausdehnung in Raum und Zeit. Eine unterschwellige Unzufriedenheit verlangt nach mehr. Der Baustein zu mehr ist die Erfahrung. Sie besteht im Erleben, wie sich erlangte Information anfühlt.

Das Ich

„Ich bin". Sprachlich ist dies ein vollständiger Satz mit Satzgegenstand und Satzaussage. Mit dem üblichen Wer oder Was wird etwas Gegenständliches erfasst, mit der Satzaussage der Zustand, in dem es sich befindet. Das ist immer eine Form von Sein, in dem auch sein kann, dass sich etwas tut oder gar nichts tut. Auf jeden Fall ist es so. Es ist, und damit ist es nur eine sprachlich andere Form von „Ich bin". Wer mehr darüber wissen will, muss den Satz ergänzen. Mit einer Ergänzung wird eine Gegebenheit oder ein Vorgang genauer beschrieben, aber selten eingerechnet, wer was beschreibt. Um etwas beschreiben zu können, muss ich mich davon trennen. Auch von mir, wenn es um mich geht. Wer bin ich dann?

Vor mehr als 70 Jahren kam ich auf dieser Erde an. Ich weiß nicht, wie ich mich damals fühlte. Ich kann es nur aus der Beobachtung von Babys nachvollziehen. Wenn sie die Augen offen haben, staunen sie. Laut Gehirnforschung ist ihr Gehirn noch nicht so weit entwickelt, dass sie so wie später als Erwachsene denken. Vor allem entwickelt sich ihr Ich-Gefühl erst später.

Wahrscheinlich habe ich ebenso gestaunt. Dazu musste ich nichts wissen, auch nicht, dass und wer ich war. Ich brauchte nur aufzunehmen, wahrzunehmen, das Wunder dessen, was auf mich einströmte, bestaunen, ohne es zu benennen, und das tat ich vermutlich so, wie ich es später verlernt habe.

Wann damals der Zeitpunkt kam, dass ich mich endgültig aus dem Einheitsgefühl mit der Mutter, womöglich auch der ganzen Welt, löste und dieses „Ich bin" empfand, mit dem ich mich als eigenständiges Wesen begriff, weiß ich ebenfalls nicht.

Ich weiß nur, dass ich mich als Mann definiere, weil ich einen männlichen Körper habe, an einer bestimmten Stelle wohne, an die namentlich adressierte Postsendungen gelangen, eine berufliche Laufbahn überblicke, Frau und Kinder mein Eigen nenne, mir allerlei materiellen Besitz zurechne und jetzt im Ruhestand bin. Das verleiht mir Identität. Doch Identität ist etwas, was ich habe, so wie mein Körper, mein Name, meine Erfahrung, meine Gedanken und Gefühle und sogar meine Seele nur Dinge sind, die ich habe. Zuletzt ist auch das Ich nur ein Name, der mich umschreibt, aber mich nicht direkt erklärt. Denn unerklärlich bleibt ein Ahnen, dass es dahinter noch mehr gibt. Mein Kopf reimt sich zusammen, dass ich mit dem Begreifen des Alles überall nicht mehr vorhanden wäre. Doch das will er nicht. Somit bin ich mir selbst ein

Geheimnis wie jedes andere Ich, das mit sich etwas hat, was es erforschen will, aber sich aufgeben müsste, um das jenseits davon Liegende zu erfahren. Auch im Diesseits liegt noch zu viel Offenes mit seinem Wechselspiel aus Anziehung und Bedrohlichkeit. Wie irgendwann jedes Ich will ich mehr darüber wissen.

Allein der Begriff „Ich" ist nicht eindeutig. Häufig wird das Ich mit dem Ego gleichgesetzt und diesem ein Selbst gegenübergestellt. Ich behaupte, dass es die beiden in sich birgt. Für richtig halte ich, dass wir aus dem Ego allmählich ein Selbst entwickeln.

Das Ego ist der lateinische Ausdruck für „Ich", woraus sich der Begriff „Egoismus" ableitet. Dieser ist gekennzeichnet von der Ich-Bezogenheit im Sinne von Eigennutz und Machtstreben. Wegen der nachteiligen Auswirkung auf die davon Betroffenen ist das Wort negativ besetzt. Entwicklungsgeschichtlich beginnt zwangsläufig dort der Weg. Ein Ich, das imstande ist, sich erstmals so zu benennen, muss sich um seinen Selbsterhalt kümmern und hat bis dahin schon gelernt, wie es diesen notfalls mit Gewalt gegenüber der Umwelt sicherstellen und Schmerz bestmöglich vermeiden kann. Dadurch ist es nicht immer zimperlich und kann sich in die völlige Destruktivität verlieren. Durch den vom sogenannten Schicksal gewährleisteten Rollenwechsel erfährt es sich aber auch als Opfer und begreift allmählich, dass Zusammenarbeit beiden Seiten mehr bringt als Kampf. Mitgefühl und Verantwortungsbereitschaft entwickeln sich und leiten in den Zugang zum spirituellen Bereich über, in dem sich der Mensch zunehmend als geistiges Wesen begreift. Diese Komponente des Ich wird als Selbst bezeichnet.

Für mich ist das Ich der erste aus dem Uferlosen ins Wahrnehmbare gehobene Startpunkt der Schöpfung, den sie allem Sein zur Selbsterfahrung (!) zur Verfügung stellt. Der Punkt verweist auf das Absolute, das als nicht darstellbarer Inhalt von der ebenfalls substanzlosen Hülle des Ich umgeben ist. Darin erscheint es als Leere. Als innerer Beobachter, der alles Geschehen neutral wahrnimmt, ist dieser in allen Teilen enthalten, die das Ich zu sein glaubt. Er ist damit jedoch nicht identifiziert und trotz Allgegenwärtigkeit unerreichbar und unberührbar. Jedem Ich ist hingegen eigen, dass es je nach Bewusstseinsstand in einem Mindestmaß sowohl fühlen als auch reagieren kann und zumindest den Willen zum Sein aufweist.

Das Denken

Denken ist das Erzeugen von Gedanken, die als Eindrücke entstehen und in Worte übersetzt werden können. Es findet im Verstand statt, mit dem Eindrücke interpretiert, bewertet, gespeichert und als Erinnerung wieder abgerufen werden. Dies ermöglicht den Vergleich von Vorstellungen und das Treffen von Entscheidungen.

Ob das Denken allein dem Kopf vorbehalten ist, wird durch die jüngere Forschung anscheinend in Frage gestellt. Angeblich weisen gehirnähnliche Zellen in Herz und

Bauchgewebe darauf hin, dass von dort deutlich mehr Informationen an das Gehirn geleitet werden als umgekehrt und durch die Funktion des „Bauchhirns" ein zusätzliches Potenzial für Kreativität besteht.

Denken energetisiert bereits im Zeitlosen vorgefertigte Möglichkeiten und hebt sie als zunächst bloße Vorstellungen aus dem bis dahin Unbekannten hervor. Potenziell existierende Information wird als Idee sichtbar. Die dafür zugeführte Energie verstärkt die denkbar gewordenen Frequenzmuster durch Intensität oder wiederholte Versorgung, bis sie zum Teil auch in der materiellen Welt als Realität in Erscheinung treten.

Das Denken ist das Werkzeug des Schöpfers. Es begrenzt einen Teil des Alles auf das Vorstellbare und macht es durch Fühlen erlebbar. Damit kann sich der Schöpfer „begreifen".

Das Fühlen

Fühlen zeigt an, wie sich Gedanken auswirken. Im Gegensatz zum Denken können Gefühle nicht durch die Zeit reisen. Sie sind jetzt und im Original immer nur da, wo der Körper ist, auch wenn der Verstand in Zukunft oder Vergangenheit weilt. Was er sich dabei vorstellt, ist dennoch jetzt.

So eindeutig es ist, dass jedes Wesen fühlt und sich dabei als Geschöpf erlebt, so vielschichtig und für eine Selbstverständlichkeit sogar schwierig ist der theoretische Umgang damit. Die Wissenschaft hat es bis heute nicht geschafft, Fühlen und Gefühle eindeutig zu definieren. Es geht dabei prinzipiell um das Empfinden von Eindrücken, die Gefühle auslösen und sie erfahrbar machen. Womit dies geschieht, ist mehrschichtig und uneinheitlich beschrieben. Da gibt es zunächst die fünf Sinne des Menschen, zu denen der Tastsinn gehört. Er dient zum Fühlen, doch primär auf der Haut, um eine Berührung oder sonstige Einwirkung von außen anzuzeigen. Es findet eindeutig auf der Körperebene statt. Gefühle, die psychische Zustände signalisieren, werden dadurch nur indirekt ausgelöst. Sie beruhen auf Körperchemie und werden auf der psychischen Ebene als momentaner Zustand empfunden. Diese Wahrnehmung wird jedoch ebenso als Fühlen bezeichnet. Gleichzeitig werden auch körperliche Reaktionen, wie Anspannung, ausgelöst und damit ein Empfindungscocktail sowohl auf körperlicher als auch seelischer Ebene bewirkt. Das ist auf alle Fälle spürbar, womit sich mit Spüren und Gespür zusätzliche Begriffe für die Wahrnehmung von Gefühlen ergeben.

Die Unschärfe erhöht sich noch weiter dadurch, dass Gefühle auch als Emotionen bezeichnet werden und dieser Begriff wiederum sehr uneinheitlich gebraucht wird. Als E-Motion verweist er auf ein Herausbewegen. Dieses meint für manche das Gleiche wie Gefühle allgemein, andere lassen dieses Wort nur für Gefühle gelten, die sichtbar werden, wie Weinen oder ausgelebte Wut. Wieder andere bezeichnen diese Formen als Sekundärgefühle, weil es bereits Reaktionen auf ein anderes Anfangsgefühl sein können, und lassen das Wort „Emotion" nur für solche Reaktionen, die aus der Verknüpfung von gegenwärtig Erlebtem mit Vergangenem entstehen, gelten.

Was bleibt, ist eine Begriffsvielfalt, die es zur Kenntnis zu nehmen gilt. Sie gebietet nicht nur in der Kommunikation mit anderen eine Klärung, was worunter verstanden werden will. Für meinen persönlichen Gebrauch begnüge ich mich mit „spüren", weil mich das im Zweifelsfall auf die Spur bringt, was wirklich mit mir los ist. Denn ich bin immer in einem Zustand des Spürens, sobald ich darauf achte. Auch, wenn ich zunächst nichts zu spüren glaube, ist dahinter doch etwas, und allein schon das Nichtspüren ist ein klares Ergebnis. Es könnte auch Dumpfheit oder Taubheit sein, und damit bin ich in einem weiteren Unschärfebereich, den die Gefühlswelt darstellt. Sie bietet eine breite Fülle von Begriffen, von denen ich nur weitere Beispiele nenne: Zorn, Liebe, Ekel, Wut, Freude, Scham, Glückseligkeit, Angst, Trauer, und füge dem Üblichen noch ein Unübliches hinzu: Gefühlslosigkeit.

In der Literatur wird eine unterschiedlich große Anzahl von Grundgefühlen genannt, durch deren Mischung sich noch weitere Gefühle ergeben. Ein Gefühl ist es laut mancher Lehre dann, wenn es mich in einen Zustand versetzt, den ich mit „Ich bin...", also traurig, wütend, begeistert und so weiter, benennen kann. Das kann ebenso eine Krücke wie irreführend sein, weil manches kein Gefühl, sondern eine Bewertung ist, die der Verstand vornimmt. Das zeigte sich besonders bei der häufigen Frage, wie es mir geht, und der meist ebenso häufigen Antwort „gut". Gut und schlecht und alle anderen zuschreibbaren Eigenschaften sind keine Gefühle, sondern Interpretationen. Für mich ziehe ich mich pragmatisch aus der Theorie, indem ich einen Zustand einfach so benenne, wie er für mich im Moment ohne Nachdenken ist. Danach ist mir schon einiges klarer, und um mehr zu erfahren, kann ich nachfühlen.

Vielleicht auch durch die damit verbundene Begriffsvielfalt wird Gefühlen nachgesagt, dass sie trügerisch seien und man ihnen nicht trauen darf. Ich halte das Gegenteil für richtig. Im Gegensatz zum Verstand können Gefühle nicht lügen. Sie zeigen mir immer an, wohin mich mein Denken gebracht hat und erlauben eine klare Positionsbestimmung. Doch auch da spielt der Verstand mit und nutzt statt Ehrlichkeit oft lieber seinen Interpretationsspielraum.

In der Seele wird auch das aufgezeichnet. Sie hängt mit dem Fühlen unmittelbar zusammen. Fühlen erfolgt in der Psyche, und das ist nur das griechische Wort für Seele, deren Sprache die Gefühle nach mancher Auffassung sind. Was die Seele wiederum ist, ist wohl noch schwieriger zu erfassen.

Mein Zugang dazu ist die Vorstellung des durch die Schöpfung entstandenen und entstehenden Raumes. Dieser Raum ist die Gesamtseele als Summe von Bewusstem und Unbewusstem. Darin hat jedes Element der Schöpfung seinen Anteil und zeichnet darin seine Erlebnisse bis zur Rückkehr ins Ganze auf, indem es mit jeder Erfahrung wächst. Diesen Erfahrungsschatz stellt es dem Schöpferaspekt, der nur denken kann und nicht empfinden, zur Verfügung und vollendet damit als einzelnes Geschöpf mit seiner Einzigartigkeit die Schöpfung.

Aufmerksamkeit

Aufmerksamkeit ist das Verschieben von Energie innerhalb eines Systems, mit dem Teile dieses Systems verstärkt ins Bewusstsein gehoben werden und andere Teile darin absinken. Dies ist mit dem Handhaben einer Taschenlampe vergleichbar, mit der ich in einen dunklen Raum leuchte und den Lichtkegel nur auf bestimmte Dinge richten kann. Die im Dunkel bleibenden sind dennoch vorhanden.

Formen, zu denen auch Möglichkeiten zählen, können nur dann wahrgenommen werden, wenn sie die nötige Aufmerksamkeit erhalten. Erreicht wird dies durch Zufuhr von Energie, die, dem physikalischen Gesetz einer stets gleichbleibenden Energiesumme folgend, von wo anders abgezogen werden muss. Energiezuwendung macht Möglichkeiten sichtbar und verstärkt sie mitunter bis zur physischen Realität, wie sie andere durch Verlagerung bis zur Unsichtbarkeit schwächt.

Eine Form von Aufmerksamkeit ist Interesse. Das lateinische „inter esse" meint wörtlich „dazwischen sein". Es bewirkt die Ausrichtung auf Elemente, deren Gesellschaft ich anstrebe. Eine andere Form ist Achtsamkeit, die darin besteht, meine Sensibilität gegenüber allem Wahrnehmbaren zu erhöhen und respektvoll damit umzugehen.

Aufmerksamkeit wird vom Willen gesteuert. Ihr Ziel ist Erfahrungsgewinn, eine Begleiterscheinung die Aufladung der damit beteilten Objekte mit Energie. Sie treten über die verbesserte Wahrnehmbarkeit verstärkt ins Bewusstsein. Energie folgt der Aufmerksamkeit und transportiert Informationen, allerdings auch diejenige, die als Motiv für meine Aufmerksamkeit bereits darinnen enthalten ist. Ein empfindsames Ich nimmt sie wahr wird seine Antwort, wer oder was es ist, darauf ausrichten. Neutrales Interesse lässt am ehesten eine neutrale Antwort erwarten. Ansonsten wird diese meine positiv oder negativ gefärbte Ausgangshaltung reflektieren. Entgegengebrachtes Misstrauen hat große Chance, ebenso bestätigt zu werden wie Wohlwollen. Diese Tatsache braucht Aufmerksamkeit, denn sie beeinflusst meine Wahrnehmung mit meinem Vorurteil.

Die Wahrnehmung

Wahrnehmung ist der bewusste Empfang von Information. Sie setzt Aufmerksamkeit voraus. Gegenstand der Wahrnehmung sind Sinneseindrücke und Gedanken. Forschungsergebnissen zufolge erreichen uns wesentlich mehr Informationen als uns bewusst ist. Sie bleiben aber außerhalb unserer Wahrnehmung, weil wir nicht darauf ausgerichtet sind oder eine Wahrnehmung vermeiden wollen. Dadurch wird vieles im Unbewussten gespeichert, wo es sich unserer Wahrnehmung entzieht. Die Körperempfindungen und Gefühle, die unbemerkt geblieben sind oder bewusst vor ihrer vollständigen Annahme unterdrückt wurden, massieren sich so lange, bis sie sich durch Schmerz, Krankheit oder einen vermeintlich unerklärlichen sonstigen Durchbruch die Wahrnehmung erzwingen.

Wahrnehmen besteht darin, dass wir tatsächlich etwas wahrnehmen, das heißt, wir nehmen es als wahr an. Es existiert, unabhängig davon, ob es uns gefällt oder nicht. Dadurch wird es zu einem Teil unseres Bewusstseins.

Empfangskanäle für die Wahrnehmung sind unsere fünf Sinne (sehen, hören, riechen, schmecken und tasten) sowie ein sechster, den ich hier anführe, ohne die Telepathie oder sonst Außersinnliches zu meinen. Er ist uns aber sehr vertraut und so selbstverständlich, dass ich mich wundere, warum er nicht allgemein als eigener Sinn gilt. Es ist das Körperempfinden, das wir haben und das uns mitteilt, wie wir atmen, wo im Inneren wir einen Druck oder Schmerz verspüren und welche Position unser Körper soeben einnimmt.

Diese Informationen bewirken in uns einen Eindruck, der das Gehirn erreicht und dort mit den bestehenden Erfahrungswerten abgeglichen wird, ob eine sofortige Reaktion nötig ist oder wieder auf Empfangsmodus geschaltet werden kann, um mehr zu erfahren. Dadurch fließen weitere Informationen zu. Das wird aber nur dann zutreffen, wenn der eingelangte Eindruck als angenehm interpretiert wird. Ist das Gegenteil der Fall, wird die Informationszufuhr sofort unterbrochen, entweder, weil ich bereits genug darüber weiß, um es in Folgehandlungen verwerten zu können oder weil ich mich den empfangenen Eindrücken nicht länger aussetzen will. Dann lenke ich die Aufmerksamkeit auf etwas anderes, kann sie aber willentlich auch auf etwas Unangenehmem belassen oder neuerlich hinlenken. Das Ziel ist wie immer, mehr darüber zu erfahren.

Die erwähnten Sinne sind Vorrichtungen, mit denen Informationen gelesen werden können. Die Schwingungen von beispielsweise Schall und Licht werden über Ohren und Augen im Körper in Nervenimpulse umgewandelt, und letztlich sind dies die feinen elektrischen Schwingungen, die unser gesamtes Empfindungs- und Denkvermögen ausmachen.

Der Bildschirm, vor dem ich sitze, zeigt mir das Ergebnis von Schwingungen zwischen Eins und Null: Strom und Nicht-Strom. Nichts anderes als ein Computer tut der Körper. Er übersetzt und bildet Schwingungen, die uns eine dreidimensionale sicht- und fühlbare Welt vorgaukeln. Weil sie meine Wahrheit ist, nehme ich sie wahr.

Das ist so selbstverständlich, dass uns gar nicht auffällt, dass wir sogar Tag und Nacht hindurch wahrnehmen. Es hängt von unserem Bewusstseinszustand und dem Grad unserer Aufmerksamkeit ab, was dabei in unser Bewusstsein gelangt. Ein außergewöhnliches Geräusch während des Schlafens, das uns weckt, zeigt, dass ein unterbewusstes Gefahrenradar ständig aktiv zu sein scheint. War ein

Eindruck nach routinemäßiger Überprüfung nicht erwähnenswert, geht er ziemlich spurlos vorüber. Wieder andere Eindrücke werden scheinbar gar nicht bemerkt, können aber dennoch wirken. Es handelt sich vor allem um Wahrnehmungen traumatischer Art, die aus dem Bewusstsein verdrängt wurden oder werden und permanent Energie zu ihrem Fernhalten benötigen.

Unterscheidung und Bewertung

Die Begrenzung von Wahrnehmungen, ihre Unterscheidung und Bewertung ist Verstandesarbeit. Die Wahrnehmung selbst obliegt den nervlichen Sensoren des Körpers. Bis zum Abschluss einer Erfahrung, die sich auf Sekundenbruchteile beschränken kann, ergibt sich ein Wechselspiel zwischen beiden Körperfunktionen, also Denken und Fühlen, die sich gegenseitig überlagern und mit derart rasch ablaufenden Entscheidungsprozessen verbunden sein können, dass sie dem Bewusstsein entgehen.

Eine Erfahrung besteht aus der Verknüpfung der Verstandes- und Empfindungstätigkeit und beinhaltet eine abschließende Bewertung, die ihre Wiederverwendbarkeit für künftige Bedarfsfälle beurteilt. Damit wird sie abgespeichert.

Die Bewertung erstreckt sich auf duale Beurteilungen wie gut oder böse, richtig oder falsch, angenehm oder unangenehm, wesentlich oder unwesentlich und alle Werte dazwischen. Es gibt dafür keine einheitlich verwendete

Skala. Der Wert einer Sache resultiert aus der spontanen und manchmal auch wechselnden Einschätzung und ist vom Überzeugungssystem eines Menschen abhängig.

Kennzeichnend für den Überlebenstrieb des Menschen ist, dass negativen Erfahrungen eine weit höhere Bedeutung beigemessen wird als angenehmen. Um Gefahren möglichst frühzeitig begegnen oder ihnen ausweichen zu können, wird ihrer Möglichkeit ein unproportional höheres Aufmerksamkeitsmaß gewidmet als ihrer tatsächlichen Wahrscheinlichkeit entspricht.

Jede Einzelheit unseres Erfahrungsschatzes hat ihre Einschätzung und Bewertung von uns enthalten oder wir haben sie unbewusst übernommen. Den Wert oder Unwert, den etwas für uns hat, haben wir ihm zugewiesen. Jede Bedeutung, die wir etwas geben, stammt von uns und gilt so lange als wahr, bis wir sie ändern. Das können wir erst, wenn es bewusst ist.

Entscheidungen

Entscheidungen dienen dazu, den Fluss von Energie in eine bestimmte Richtung zu lenken oder zu stoppen. Das „oder" weist bereits darauf hin, dass es zwei Varianten und somit einen Unterschied geben muss, um eine Entscheidung treffen zu können – oder zu müssen. Mit der Existenz auf dieser Erde ist eine Entscheidung schon gefallen. Ich kann nicht mehr nicht entscheiden, denn diese Entscheidung ist auch eine. Immer finde ich mich an einer

Weggabelung vor und muss mich dafür entscheiden, ob ich links oder rechts gehe. Auch wenn es noch weitere Wege gibt, habe ich diese in einem Vorverfahren eben durch Entscheiden bereits ausgeschlossen und übrig bleiben zwei. Gehen kann ich nur einen, selbst wenn er darin bestünde, stehen zu bleiben oder umzukehren.

Jeder Weg ist von einem Ziel abhängig. Kein Ziel zu haben wäre auch schon wieder eines, und somit gibt es immer ein Motiv, das mein Handeln steuert. Was will ich erreichen? Auf jeden Fall will ich die gegenwärtig erreichte Position sichern, denn egal wie schlecht sie sein mag, hier lebe ich zumindest noch. Eine Verschlechterung hingegen möchte ich keinesfalls in Kauf nehmen. Möglichst die Verbesserung einer Situation ist also immer das Ziel einer Handlung und damit der davor liegenden Entscheidung, welche auf beste Weise hinzuführen verspricht. Denn eine Entscheidung kann auch falsch sein und das kann böse enden.

Jede Entscheidungssituation stellt die Spitze eines Dreiecks dar. In dieser „Spitzenposition" habe ich die Wahl zwischen zwei Möglichkeiten, die sich in den beiden Ecken der Grundlinie als Gegensätze darstellen. Mag es dazwischen auch noch so viele Varianten geben, bleibt übrig, dass eine Seite die beste und die andere nur die zweitbeste Lösung beinhaltet. Dies könnte ein Trost sein, wenn sich eine Entscheidung dann doch als falsch herausstellt. In dem Moment, wo ich sie getroffen habe, habe ich mich mit dem Maximum des darüber zur Verfügung stehenden

Wissens für den geringeren Nachteil entschieden. Später zeigt sich lediglich, dass ich nun mehr darüber weiß, und ich stehe wieder in einer neuen Entscheidungssituation.

Dem von mir sehr geschätzten Neale Donald Walsch, dem Autor der „Gespräche mit Gott", verdanke ich in einem dieser drei Bände eine sehr praktische Entscheidungshilfe dafür, was richtig und was falsch ist. Voraussetzung ist immer das Vorhandensein eines Zieles. Was mich darauf zuführt, ist richtig, was mich davon wegbringt, ist falsch. Die vermutlich richtige Variante bekommt mein Ja. Das würde bereits reichen. Mit dieser Wahl muss ich zur anderen Variante nicht nein sagen, obwohl es die logische Konsequenz ist. Der feine Unterschied besteht für mich darin, dass eine Wahl kein ausdrückliches Urteil ist. Das für mich Bessere sagt nicht aus, dass das andere schlecht ist.

Jede Entscheidung ist mit der Verantwortung dafür verbunden. Tatsache ist, dass jede Entscheidung Folgen hat, die ich zu tragen habe. Sie jetzt noch nicht zu kennen, macht manche Entscheidung schwierig. Eine ihrer Folgen ist, dass nie sicher abschätzbar ist, welche Folgen die andere Variante gehabt hätte. Ich lerne nur jene kennen, die sich aus meiner Entscheidung ergeben, auch wenn sie fernab meiner Berechnung liegen können.

Eindeutige Entscheidungen bewirken, dass die gewählte Variante meine ausschließliche Aufmerksamkeit erhält und die andere aus meinem Gesichtskreis verschwindet. Was aus ihr geworden ist, ist nicht Gegenstand meines Interesses. Anders ist es, wenn mich in der Folge Zweifel nagen. Dann bleibt ein Teil meiner Aufmerksamkeit auf der zweiten oder gar noch anderen Varianten liegen und nährt sie mit meiner Energie. Die fehlt mir bei der Umsetzung der gewählten Möglichkeit oder macht sich sogar als Störung bemerkbar.

Unbefriedigende Ergebnisse beruhen auf unklaren Entscheidungen und diese auf unvollständigen Informationen. Das ändert nichts an meiner Verantwortung dafür. Und ich spüre Widerstand, wenn jede Ausrede an der Tatsache zerschellt, dass die einzig zuständige Instanz für Entscheidungen ich selbst bin.

Widerstand

Unbequemes erregt Widerstand, und nicht nur Unbequemes. Alles, was der eigenen Absicht widerspricht.

Widerstand ist das Beharren einer Einheit auf sich selbst, indem sie gegen eine unerwünschte Veränderung ist. Ihr maximales Ausmaß, das sie gegenwärtig erreicht hat, will sie auf keinen Fall reduziert wissen. „Wider" ist gleichbedeutend mit „gegen". Dadurch wird ein Widerstand zumindest auf energetischer Ebene zu einem fühlbaren Gegenstand, der durch sich selbst begrenzt ist. Ohne Widerstand gäbe es keine Erfahrung, denn er entsteht an jeder Grenze. Sie zeigt an, dass hier etwas anderes beginnt. Das gilt auch für ein Wesen, das sich als Einheit definiert hat und durch den Widerstand plötzlich etwas in sich vorfindet, was es nicht für sich selbst hält. Es ist eine Form von Du, jedenfalls Nicht-Ich.

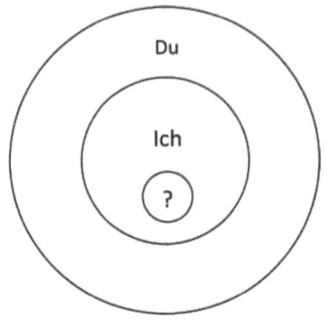

Jedes Wesen ist durch sich selbst begrenzt. Als Ich ist es von einem oder auch sehr vielen anderen Ich's umgeben, die es allesamt als Du bezeichnen kann. Theoretisch sind es zwei Grenzen, die es davon trennen: die eigene und die des Du. Beharrt jedes der drei dargestellten Elemente auf seine Grenzen, bleibt das System statisch. Eine Weiterentwicklung im Sinne einer Vergrößerung scheitert am nicht verfügbaren Raum, der in der physischen Welt durch Einheiten, unabhängig von ihrer Beschaffenheit und Größe, nahtlos besetzt ist. Ein Idealfall bestünde darin, dass alle Betroffenen mit ihrem Zustand zufrieden sind und die bestehenden Grenzen unangefochten respektieren. Das widerspricht jedoch der natürlichen Tendenz jedes Ich's, sich weiter zu entwickeln.

Für Veränderung gibt es folgende Möglichkeiten:

1. Das Ich und das Du, zu dem auch das unbekannte Element im Ich zählt, vereinbaren einen Austausch und stellen dem anderen jeweils ein gleich großes Stück zur Verfügung. Sie verzichten damit auf einen Teil von sich, um einen anderen zu erhalten. Das ist der bekannte Vorgang in unserer Geschäftswelt, bei dem gegebene und empfangene

Leistungen jeder Seite eine neue Erfahrung ermöglichen. Die eigene Grenze wird einvernehmlich in den bisherigen Bereich des anderen verschoben.

2. Das Größere nützt seine Stärke und holt sich das erwünschte Stück oder gar das Ganze trotz dessen Widerstandes vom Kleineren. Dessen Grenze wird einseitig ignoriert. Dies ist gleichfalls ein vertrauter Zustand dieser Welt. Ebenso vertraut ist jedoch, dass damit kein bleibender Friede erreichbar ist. Der Unterworfene findet sich mit der aufgezwungenen Auflösung der Grenze nicht ab und besteht weiterhin auf seiner bisherigen, deren Rückeroberung er anstrebt. Beispielsweise die oft erforderliche hohe Polizei- und Militärpräsenz im staatlichen Bereich lässt erkennen, dass permanente Wachsamkeit und Druck erforderlich sind, um die laufenden Störaktionen durch das Verdrängte zu kompensieren. Das Prinzip setzt sich bis ins Innerpersönliche fort.

3. Eine Einheit gibt ihren bisherigen Gebietsanspruch freiwillig auf und überlässt ihn der anderen. Das ist in der materiellen Welt selten.

4. Mit dem Fragezeichen in der innersten Einheit der Skizze soll auch der Fall erfasst werden, dass ich auf einen vermeintlichen Fremdkörper in mir aufmerksam werde. Er ist mir jedenfalls neu und unbekannt. Das Unbekannte ist für mich möglicherweise bedrohlich und ich will es unterdrücken. Es

will sich aber mein erlangtes Bewusstsein erhalten und wehrt sich. Folge ist ein Dauerkonflikt mit laufend erforderlichem Energieeinsatz auf beiden Seiten, auch wenn mein Verdrängungsakt gelingen sollte. Eine Lösung tritt erst dann ein, wenn ich begreife, dass ein Teil von mir erkannt sein will und ich ihn annehme. Die andere Energie darinnen verschmilzt mit meiner, wodurch ein Ausgleich eintritt. Die Grenze verschwindet durch den Wegfall des Interesses auf beiden Seiten, sie bestehen zu lassen, wie das in jedem andern Fall ebenso geschehen würde.

Widerstand weist immer auf das Bestehen einer Grenze hin, die ich in Frage stelle oder die in Frage stellt wird. Ergibt eine Prüfung, dass es nur meine eigene ist, obliegt es mir allein, sie zu verändern. Ansonsten bleiben mir nur Verhandlungen oder Krieg. Die äußerste Grenze, die ich erreichen kann, liegt zwischen Bekannt und Unbekannt. Hier betrete ich Neuland. Es könnte unberechenbare Verwandlung oder sogar totale Vernichtung bedeuten. Angst tritt auf. Spätestens hier endet meine Sicherheit, wenn ich das glaube. Ein Widerstand wird mich darauf hinweisen. Wie ich damit verfahre, ergibt sich aus meinen sonstigen Überzeugungen.

Widerstand erzeugt Widerstand. Eine Grenze wird damit verstärkt. Sobald ich mich dazu bekennen kann, bin ich einen Schritt weiter. Ich bin es, der von ihrem Vorhandensein überzeugt ist.

Überzeugungen

Jede Wahrnehmung beruht auf der Überzeugung, dass sie existiert.

Laut Wikipedia ist Überzeugung eine feste, unerschütterliche, durch Nachprüfen eines Sachverhalts oder durch Erfahrung gewonnene Meinung oder ein fester Glaube. Religiöser Glaube ist ein Teil davon. Ob das durch Wahrnehmung Festgestellte richtig, falsch, böse, lieblich, absolut sicher, zweifelhaft, sonst was oder gar unmöglich ist, unterliegt einer Beurteilung, die sich neuerlich aus einer Überzeugung ableitet.

Überzeugungen wohnen im Denken und sind dessen Konstrukt. Sie werden auch als Glaubenssätze bezeichnet. Ein Satz beschreibt eine Überzeugung. Einzelne Begriffe werden zu einer Aussage verbunden. Selbst die abstruseste Idee ist eine Gedankenform, die jemand als einziger Mensch auf der Welt haben kann. Spätestens damit existiert sie. Jemand ist überzeugt davon.

Überzeugungen erschaffen Realität, indem sie denken lassen, dass es sich um Realität handelt. Sie sind Wahrnehmungsfilter und Projektoren zugleich. Als Projektoren strahlen sie Erwartungen und Vorstellungen in die Umwelt. Als Filter lassen sie nur die Wahrnehmungen durch, die das Projizierte bestätigen. Dies ist ein Zirkelschluss, der darin besteht, das zu Beweisende als bereits Bewiesenes vorauszusetzen. Einen Ausweg bietet nur die Überzeugung an, dass es darüber hinaus auch ständig Neues und

Unerwartetes zu entdecken gibt. Doch einheitlich ausgerichtet und widerspruchsfrei sind Überzeugungen ohnedies nicht. Die Überzeugung, das Leben nicht bis ins letzte Detail kontrollieren zu können und seinen Wechselfällen ausgeliefert zu sein, herrscht wahrscheinlich in jedem Menschen vor, weil es sich ebenso wahrscheinlich tagtäglich bestätigt – allein schon der Überzeugung wegen.

Die Sicherheit, mit der etwas vorhanden ist, leitet sich aus der Intensität der Überzeugung ab. Die höchste Form von Überzeugung ist Gewissheit; Wissen, an dem subjektiv nicht gezweifelt wird. Es ergibt sich aus einer einmaligen oder meist oft wiederholten Erfahrung, die nicht mehr in Frage gestellt wird.

Glaube ist bereits eine gemilderte Form davon. Die Information über die Erfahrungen anderer wird als glaubwürdig angenommen, ist aber zumindest nicht zur Gänze von eigener Erfahrung bestätigt. Religion, die nicht aus eigenem Erleben entstanden ist, ist ein Beispiel dafür, und mit dieser Formulierung könnte bereits jemand davon überzeugt sein, dass sie nahe an Gotteslästerung liegt.

Zweifel in unterschiedlicher Ausprägung weist auf die Überzeugung hin, dass eine Annahme nur bedingt sicher ist, noch näherer Überprüfung bedarf oder gar unglaubwürdig ist. Es gibt eine oder weitere Überzeugungen, die ihr widersprechen.

Der sprachliche Ausdruck einer Überzeugung stellt fest, ob oder wie etwas ist oder nicht ist und ob es sein darf oder nicht sein darf. Die Verwendung einer Form des Wortes

„ist" erklärt es zur Tatsache. Als Tatsache ist es wahr. Doch das erfordert eine Definition von Wahrheit. Für mich ernüchternd besteht sie lediglich darin, dass eine Wahrnehmung mit einer Überzeugung übereinstimmt. Das bedeutet den Abschied von der Erwartung, dass Wahrheit etwas objektiv Feststehendes ist. Die Unerschütterlichkeit einer Wahrheit hängt schlicht von der Unerschütterlichkeit einer Überzeugung ab. Das gilt für uns alle gleich. Auch die Wahrheit ist relativ. Sie ändert sich mit dem Standpunkt, und jeder Standpunkt ist nur eine Frage der Überzeugung.

Den Großteil der Überzeugungen, die im Lauf der Zeit durch Ansammlung von Erfahrungen eine dicke Schicht bilden, haben wir als Kinder von der Geburt an von den Eltern und der damaligen Umwelt übernommen. Es war die einzige Wahrheit, die uns zugänglich wurde, und eine zweite Version dazu gab es meistens nicht. Sie wurde manchmal über Jahre hindurch mit der täglich mehrfach wiederholten Erfahrung bestätigt, dass wir klein, hilflos und ohne Hilfe von außen nicht überlebensfähig sind. Wann wurde diese Überzeugung jemals gelöscht? Zu oft stoßen wir an Grenzen, die die Überzeugung, dass sie da sind, stets aufs Neue bestätigen.

Überzeugungen sind Einheiten wie alles andere. Sie haften sich an das in Reinform inhaltslose und objektive Ich durch dessen Identifikation damit an und wirken wie Filter, die die wahrgenommene Wirklichkeit prägen. Blickt das Ich nach innen, sieht es, was es von sich hält und wer

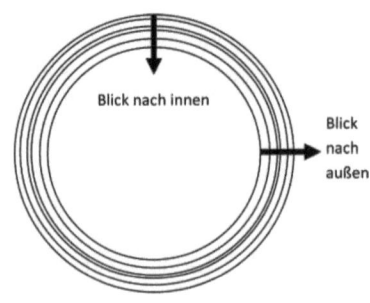

es zu sein glaubt. Blickt es nach außen, zeigt auch die Umwelt nur das, was es erwartet.

Viele Überzeugungen sind längst ins Unterbewusste abgesunken und wirken von dort aus so, wie das Unterbewusste auch viele Körperfunktionen steuert. Aus ihnen sind Gewohnheiten geworden, die nicht mehr auffallen. Ihr Vorteil liegt darin, Routinehandlungen standardisiert ablaufen zu lassen, um den Kopf für wichtigere Dinge frei zu haben. Nachteilig sind sie dann, wenn sie schädliche Auswirkungen haben und die Kreativität behindern.

Erkennbar sind Überzeugungen an ihren Auswirkungen. Sie können sich überlagern und gegenseitig vor allem dann stören, wenn sie einander widersprechen. Einzeln sind sie oft nicht mehr zu unterscheiden und wirken als Summe. Routinen oder Störungen, die sich trotz der Entscheidung, aus ihnen auszusteigen, nicht abstellen lassen, werden von stärkeren Überzeugungen, die unerkannt aktiv sind, genährt. Wie eingeschleuste Schadprogramme auf einem Computer können sie die Funktion von Denken und Fühlen massiv beeinträchtigen. Verbreitet sind Glaubenssätze wie „Ich bin nicht gut genug", „Ich bin schuldig", „Ich bin es nicht wert", „Ich bin ein Opfer", „Die Welt ist schlecht" und Ähnliches, das sich immer wieder als Erfahrung bewahrheitet und die Lebensqualität torpediert.

So einfach, wie sie installiert wurden, würden sich Überzeugungen auch ändern oder löschen lassen. Es braucht dazu nur eine überzeugendere Überzeugung. Voraussetzung ist, dass sie aufgedeckt werden können. Dazu habe auch ich die Überzeugung gewonnen, dass das nicht immer leicht ist. Die Beschäftigung damit dauert schon seit Jahrzehnten an und wird mich wahrscheinlich bis ans Lebensende begleiten, aber es wird immer entspannter. Denn aus der Summe der Überzeugungen ergibt sich die Haltung gegenüber dem Leben. Aus dieser Einstellung resultiert, wie es sich mir gegenüber verhalten wird.

Das Leben

Leben ist alles, was sich selbst verändern kann. Was dies nicht kann, gilt als tot und ist ausschließlich äußeren Einflüssen unterworfen.

Leben lässt sich mit Bewusstsein gleichsetzen. Mit jeder Erfahrung wächst es ins Unbewusste und reduziert dieses in einem beständigen Fluss. Veränderung geschieht dabei auf beiden Seiten; hier aktiv, dort passiv. Sie besteht darin, dass dem Unbewussten Aufmerksamkeitsenergie zufließt und es dabei bewusst wird. Für Aufmerksamkeit revanchiert es sich mit bisher unbekannter Information, die dem Bewusstsein angegliedert wird. Dieses gewinnt an Umfang. Es ist gewissermaßen ein Selbstzweck, mit dem Bewusstsein Energie ins Unbewusste investiert. Die

Investition kommt als Mehrwert zurück. Später werde ich sie Liebe nennen, und daraus ist das Leben entstanden.

Die bisherigen theoretischen Aufbereitungen der Struktur meines Wolkenschlosses können auf wenige Zeilen zusammengefasst werden:

1. Der Urgrund allen Lebens ist Sein, daher kann alles sein, was vorstellbar ist. Voraussetzung für Vorstellbarkeit ist Bewusstsein.

2. Was jemals gedacht, gefühlt und getan wurde, ist, auch wenn es nicht wahrgenommen wird. Es ist eine Form von Wirklichkeit, die durch An- oder Abwesenheit von etwas Gefühle und Überzeugungen auslöst.

3. Meine Überzeugung bestimmt, was ich davon erlebe oder nicht erlebe. Beides dient meiner Bewusstwerdung.

Veränderung als das, was das Leben ausmacht, ist nur durch das Gedächtnis feststellbar. Ohne Merkvermögen könnte ich zwar meine Sinneseindrücke wahrnehmen, aber es wäre der beständige Empfang des Jetzt ohne unterscheidbares Davor und Danach. Die gefühlte Realität hätte keinen Bezugspunkt.

Diesen Bezugspunkt stellt das Denken her, indem es laufend Feststellungen dessen trifft, was es für seine Realität hält. Etwas ist oder ist nicht. Dafür muss es einen Vergleich geben. Entweder ist etwas, was vorher nicht war oder etwas ist nicht mehr, oder etwas ist gleich geblieben. Wie eine Film- oder Videokamera fertigt es eine Serie von

Einzelbildern an, die Momentaufnahmen darstellen, durch ihre rasche Folge aber die durchgehende Dokumentation eines Ereignisablaufes darzustellen scheinen. Wie auf einer heute kaum noch gebräuchlichen Filmrolle physisch überprüfbar, reiht sich dem Zeitablauf entsprechend Bild an Bild. Mindestens achtzehn davon sind pro Sekunde erforderlich, um dem Auge später bei der Wiedergabe die Illusion fließender Bewegungsabläufe zu vermitteln.

Ohne Technik geschieht dies durch Erinnern. Die im Gedächtnis aufgezeichneten Szenen des Lebens können in Abschnitte und Unterabschnitte gegliedert werden und erlauben je nach Erinnerungsvermögen einen Zugriff bis auf ein Einzelbild. Allerdings ist es als begrenztes Bild nur ein Ausschnitt und nicht die damalige Realität. Die hat einen dazugehörigen, allerdings nur damals gegeben gewesenen Gefühlswert mit umfasst. Mag die Erinnerung noch so präzise sein, der Gefühlswert ist nicht mehr derselbe. Was wir Erinnerung nennen, ist die Schaffung eines Originals in der Gegenwart mit der Vorlage von damals. Es ist mit einem Gefühlswert verknüpft, der wiederum nur auf das Jetzt zutrifft und neu ist. Sowohl das Ursprungsbild als auch der damalige Gefühlswert liegen unerreichbar und auf ewig unauslöschlich in der Vergangenheit. Sie bleiben damit einzigartig.

Das betrifft aber nicht nur lange zurückliegende Ereignisse, sondern auch meine gegenwärtige Erfahrung. Diese besteht in der ununterbrochenen Aneinanderreihung von Momenten, die mein Verstand in der Lage ist, als einzelnen

Moment zu erfassen. Im Moment danach ist der vorhergehende bereits Vergangenheit. Den nächsten Moment erfasse ich ebenfalls. Da mir das Vorherige im Gedächtnis geblieben ist, erlaubt mir das einen Vergleich. Aus dem kann ich ableiten, ob eine Situation gleich geblieben ist oder sich verbessert oder verschlechtert hat. Daran stelle ich Veränderung fest. Das ist eine praktische Komponente, mit der ich bestrebt bin, die Wirksamkeit meines Verhaltens zur Erreichung meiner Ziele anzupassen.

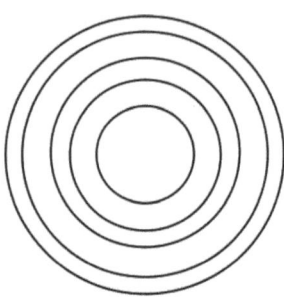

Was dabei immer geschieht, ist eine Veränderung durch Zugewinn von Erfahrung. Jeder Moment ist eine Einheit, die zumindest eine Spur größer ist als die vorhergehende. In der grafischen Darstellung legt sich mit jedem neuen Jetzt, das ich begreife, ein größerer Erfahrungskreis über den vorhergehenden, der nur den letzten in der langen Serie schon vorher entstanener Kreise darstellt. Wie die Jahresringe eines Baumes wächst die Zahl der immer größer werdenden Kreise mit jedem Zutritt bewusst gemachter Erfahrung weiter. Der äußerste stellt dabei stets das Ausmaß meines bis jetzt gewonnenen Bewusstseins dar und integriert alle bisherigen Ringe, die konzentrisch aufeinander aufbauen. Diese Darstellung charakterisiert den Verstand, der Begrenzung braucht und Einheiten festlegt. Es ist eine Art von digitaler Erfassung dessen, was er überblickt. Mag die Aufeinanderfolge der Kreisringe noch so dicht sein, es ist eine Distanz dazwischen. Die Fortschritte zeigen sich in Sprüngen oder Stufen. Allmähliche Übergänge sind darinnen nicht abgebildet. Denn Gedanken brauchen Zeit. Zwischen zwei Gedanken liegt eine Phase aus Gefühl, das ununterbrochen weiterläuft, nicht gestoppt werden kann und die Veränderung als Wandel registriert. Dieser wird durch den nächsten Gedanken bewusst. Er ist sozusagen das nächste klare Bild im Denken mit einem Wischeffekt davor. In diesem ist die Entscheidung verborgen, aus dem Fühlen auszusteigen und auf das Denken umzuschalten. Dazu gibt es einen Grund, der entweder als unbedeutend bewertet und im Gedächtnis nicht eingeprägt wurde oder den Empfang unerwünschter Empfindungen gezielt abgebrochen hat. Dann bleibt er meistens im Unbewussten, so wie der Rest der Empfindung, der der Eintritt ins Bewusstsein verwehrt blieb.

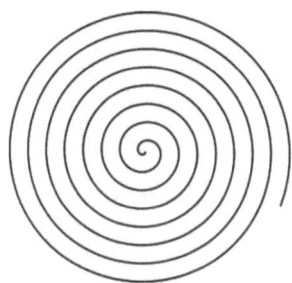 Das Fühlen arbeitet anders. Es fließt von einer Erfahrung in die nächste, ohne zu kategorisieren. Bereitwillig folgt es den Vorgaben des Verstandes und bildet ab, was dessen Denken über Sein und Nichtsein von Erwartetem sowie die Zulässigkeit von Gedanken selbst an Empfindungsqualität vorgibt. In einem imaginären Zentrum beginnend, finde ich mich in einem Fluss vor, der mich mit sich trägt, egal ob es mir passt oder nicht. Das Ufer erreiche ich nicht. Ich kann mich nirgends festhalten. Gegen die Strömung

anzukämpfen, erschöpft nur meine Kräfte und vergrößert mein Leid. Während ich es tue, trägt mich der Fluss weiter und bringt mich manchmal wieder in ruhigere Gewässer. An keinen Punkt gelange ich ein zweites Mal, und selbst wenn ich glaube, hier schon einmal gewesen zu sein, bin ich genau damit ein Stück weiter. Unaufhörlich setzt sich die Reise fort, auch wenn sie in einem Rückschritt besteht. Jedes Detail, auch die leiseste Empfindung, wird dabei von der Seele phasenweise mit bunten Farben und stellenweise tiefschwarz aufgezeichnet. Sie unterscheidet nicht, ob es bewusst wahrgenommen wurde. Zeitloses Sein hüllt sich simultan in jedes ihm zugedachte Kleid und bildet als analoges Gegenstück zum Grenzen setzenden Verstand seine Ergänzung. Kein Detail der Schöpfung geht damit jemals verloren. Es weiß um seine Existenz.

Die nicht gewählte Variante in einer Entscheidungssituation war vielleicht verlockend genug, sie doch nicht ganz fallen zu lassen. Das schlechte Gewissen des Kindes, seine Eltern für eine empfundene Ungerechtigkeit zu hassen, nagt immer noch, aber es darf nicht ins Bewusstsein, ebenso wenig wie die verlockenden Mordgelüste an einem Menschen, der mich betrogen hat, die empfundene Schuld an Fehlern, die ich bestreite oder die Scham über die volle Hose schon jenseits des Kleinkindalters. Es mag Banales und auch sehr Gravierendes sein, was verborgen im Untergrund schlummert. Immer wieder meldet es sich als Unbehagen, aber es ist nicht erfassbar. Die Ursachen sind nicht auffindbar, und das hat einen Grund. Sie werden, wenn überhaupt, an der falschen Stelle gesucht und auf jeden Fall mit der Absicht, sie zu beseitigen.

Beide Darstellungsebenen sind Bestandteil meines Ich's. Würde ich es hier wiederum als Kreis darstellen, wäre er die Linie um die beiden vorstehenden Gebilde, die als Denken und Fühlen in ihm übereinander liegen und sich gegenseitig durchdringen. Sie sollen sämtliche Erfahrungen symbolisieren, die sich in meinem Bewusstsein seit meiner Geburt mit allem, was ich vielleicht bis dahin schon mitgebracht habe, angesammelt haben. Alles, was innen ist, ist mir als mein Leben bekannt, was draußen ist, nicht. Hier wohnt das Unberechenbare. Selbst die vertraute, friedliche Umgebung um mich herum bietet keine Gewähr, dass daraus nicht schon im nächsten Moment etwas Unangenehmes auf mich zukommen könnte, und das Gleiche könnte auch aus meinem Körper passieren. Der stellt im Moment das dar, was ich für mein Ich halte. An meiner Haut beginnt das Universum als das, was ich nicht bin.

Auch wenn ich die Augen schließe und in mich hineinspüre, bin ich aber noch mit dem Draußen verbunden. Ich habe eine klare Vorstellung davon, wie es aussieht, und Geräusche und Gerüche erreichen mich noch immer. Diese Eindrücke sind in mir, und die Haut als meine Grenze zum Außen funktioniert nur so lange, als ich es denke. Ich kann diese Grenze beliebig ziehen, und ich dehne sie jetzt ins Äußerste aus, was ich mir vorstellen kann. Sie umfasst nun auch das Universum, das ich soeben noch für das unermessliche Draußen hielt. Das ist nun weg. Möglich ist mir nur noch der Blick nach innen, und hier sehe ich alles, was ich weiß.

Ganz im Zentrum steht mein Körper. Bei ihm hat mein Gedankenexperiment begonnen. Dann kommen meine Familienangehörigen und mein persönlicher Besitz, etwas weiter weg gute Bekannte und noch ein Stück weiter schon weniger gute Bekannte, schließlich die ganze Menschheit samt der Erde und darum herum das restliche Universum. Ich sehe immer nur das, was ich mir vorstelle, aber sobald ich von anderem denke, dass es auch da sein müsste, erscheint es.

Beim näheren Hinsehen entdecke ich den Himmel und die Hölle mit allen Wesen, von denen ich gehört habe. Da ist meine Wut und alle meine anderen Gefühle, über die niemand etwas erfahren soll, alle erfüllten und unerfüllten Hoffnungen, die Verzagtheit, die Zweifel und die Vorwürfe, die ich anderen über ihr Fehlverhalten mache. Es ist nicht nur gewöhnliches Fehlverhalten, es sind sämtliche Gräueltaten der Menschheit, von denen ich seit ihrer Entstehung erfahren habe. Ich spüre den heiligen Zorn darüber, der in mir aufwallt, ich frage mich nach dem Vorhandensein von Gerechtigkeit und wünsche mir, dass jeder Täter erleidet, was er anderen angetan hat. Auch sanftere Gefühle sind da, ebenso jedoch Angst und die Frustration, niemals alle Zusammenhänge begreifen zu können. Es gibt Neugier und gleichzeitig das Schaudern vor dem unausweichlichen Tod.

Mein Gedankenexperiment ist unerbittlich. Es lässt keinen Freiraum. Alles darinnen bin ich. Damit bin ich bei der Kernaussage. Für mein Leben bin nur ich verantwortlich. Ob das ein Fluch ist oder ein Segen, liegt an mir. Es bleibt mir nicht erspart, eine Entscheidung zu treffen, denn in mir ist niemand, der sie mir abnehmen könnte. Überall treffe ich auf mich selbst, weil ich es bin, der etwas so wahrnimmt, wie ich es wahrnehme, der es so fühlt, wie ich es fühle und der es so beurteilt, wie ich es beurteile. Und wenn ich dabei jemanden verurteile oder abwerte, bin ich es selbst. Alles, was ich tue, tue ich mir selbst, und was ich jemandem vorwerfe, werfe ich mir vor. Das fühlt sich allerdings unangenehm an, und die Schuld daran schiebe ich sonst gerne auf irgendetwas im Außen. Das gibt es hier nicht. Ich bin allein. Ich war es immer. Nun spüre ich es. Diese Einsamkeit ist grässlich. Die Ursache bin ich. Unter den von mir selbst entwickelten Rahmenbedingungen komme ich an dieser Schlussfolgerung nicht vorbei. Ich spüre ein Sehnen nach etwas Unbekanntem, das die Antwort auf alles wäre, sich aber nicht erfassen lässt. Denn trotz allem fehlt hier nichts. Auch das Unbekannte ist in mir.

Jetzt fällt mir der Kreis wieder ein. Von außerhalb habe ich nach innen geblickt. Da draußen war nichts mehr. Wenn ich mir innen nichts vorstelle, ist auch hier nichts mehr; das gleiche Nichts, unterteilt von einem Kreis. Was ich mir darin vorstelle, entsteht und ich fühle etwas dabei. Es kann auch sein, dass ich nichts fühle, aber das weiß ich nur, weil ich es spüre. Die Ausrede gilt nicht. Und „Vorstellung" ist ein eigenartiges und zugleich treffendes Wort. Ich stelle mir etwas vor und damit verdeckt es das Wesentliche. Das ist die Realität dahinter.

Dahinter ist nichts. Mit dieser Realität will ich nicht leben. Ich könnte es auch gar nicht. Darum schaffe ich mir eine Realität, die ich annehmen kann. Ich halte sie für wirklich, weil ich das irgendwann beschlossen, aber vergessen habe. Das Vergessen ist ein Teil meiner Wirklichkeit, die sonst nicht wirklich sein könnte. Wirklich ist, was wirkt, auch wenn es eine Illusion ist. Damit ist jede Illusion wirklich. Die Wirklichkeit beruht auf meiner Annahme, wie ich auch sonst etwas annehmen oder nicht annehmen kann. Dann halte ich sie für wahr.

Irgendwann habe ich auch mein Ich angenommen. Seither bin ich damit beschäftigt, draufzukommen, was es bedeutet. Dafür lebe ich. Das Einzige, was ich dafür brauche, um meine Vorstellungen von Realität erzeugen zu können, bin ich. Es ist aber auch das Einzige, was ich wirklich habe.

Woher es stammt? Mein Blick kehrt zurück auf den Kreis. Der Kreis bin ich, besser gesagt, er symbolisiert mein Ich. Ich kann wenig oder gar nichts hineinpacken oder ihn so groß werden lassen, dass wie vorhin das ganze Universum hineinpasst.

Als bloßer Kreis ist er bereits die Antwort auf alles. Wie immer schafft er Innen und Außen. Gerade wenn in beiden nichts enthalten ist, existiert das Ich auch im leeren Raum. Es kann bestimmen, was es innerhalb und außerhalb von sich annimmt. Gibt es das auf, zeigt sich die Wahrheit wieder: Leere auf beiden Seiten. Das Unergründliche, das ich weit nach außen jenseits des Universums verlegen und als meinen Ursprung annehmen kann, ist auch in mir. An jeder Stelle der Schöpfung ist es enthalten. Es ist die Quelle meines Lebens.

Das Haben

Haben, haben, haben... es suggeriert Besitz, das große Credo der Menschheit. Es ist ein Mittel der Selbstpräsentation und -bestätigung, und ich kann von manchem nie genug haben. Auch diese Seite ist ein Bestandteil des Lebens. Besitz besteht darin, über etwas verfügen zu können. Er kann materielle Güter ebenso umfassen wie immaterielle. Ein etwas altertümlich gewordenes Wort dafür ist Habe. Sie stellt Vermögen dar. Unter Vermögen verstehe ich, mir alles leisten zu können, was ich haben mag. Das ist Macht. Damit lässt sich etwas machen. Es reicht von Verzicht bis Missbrauch, und von letzterem hat sie ihren anrüchigen Charakter.

Der Sinn des Machens liegt im Verbessernwollen des Zustandes dessen, der macht. Er muss was tun, um das zu erreichen. Gelingt es, gilt es als Erfolg. Erfolg vermittelt ein angenehmes Gefühl, allerdings nicht angenehm genug, um sich damit auf Dauer zu begnügen. Schon wieder ist die Absicht darauf gerichtet, mehr zu haben. Das gelingt nicht ohne Energie. Energieträger sind subtile ätherische

Schwingungen ebenso wie sonstige Informationen und handfeste Materie. Eine wohl am leichtesten in Zahlen zu gießende Form ist Geld. Überwiegend damit lässt sich beschaffen, was Wohlgefühl vermittelt oder zumindest verspricht. Denn das neue Auto, die Luxusyacht, der Traumurlaub oder ein wirtschaftlicher Dauererfolg entpuppt sich vermutlich auch bei jedem Milliardär als unzulänglich. Das tatsächlich Angestrebte war und ist nichts Dingliches. Es ist das Wohlgefühl, und dafür gibt es keinen Ladentisch. Trotzdem will es jeder Mensch haben und zahlt dafür manch hohen Preis.

Der Irrtum liegt im Verstand, der sich einbildet, empfundenen Mangel mit Materie auffüllen zu können. Reichtum, der sich im Verstand abbildet, reicht nicht. Es ist das Gefühl, das Reichtum empfinden lässt. Das Denken liefert dann nur die Erklärung dazu, woher die Empfindung stammt. Es ist ernüchternd, festzustellen, dass das Bindeglied zu meinem Besitz nur das Gefühl ist, dass er mir gehört.

Eine Machtsituation lässt sich am besten mit zwei konzentrischen Kreisen darstellen. Der größere bin ich, der kleinere das, was ich beherrsche. Der größere ist in der angenehmeren Position. Er kann sagen: „Ich kann, ich habe". Daraus erklärt sich auch der Lebenskampf, dorthin zu gelangen. Als das Größere bin ich vom Kleineren unabhängig. Das ist im Regelfall so lange beruhigend, bis sich etwas noch Größeres zeigt. Hier gilt das gleiche Gesetz.

Dass das gerne ignoriert wird, zeigt sich an unserer Sprache. Gerade in der Situation des Überwältigtwerdens ist der spontane Eindruck da, dass ich ein Problem habe. Das ist nicht die Wahrheit. Das Problem hat mich. Es muss nicht einmal groß sein, ein banaler Schnupfen reicht. Stünde ich nicht unter dem Einfluss einer größeren Macht, wären Problem und Schnupfen rasch beseitigt. So aber bin ich ihr Opfer. Wenn ich mich so sehen will, bin ich es ohnedies immer.

Im üblichen Leben bin ich der mittlere von drei konzentrischen Kreisen. Dort habe ich etwas und etwas hat mich. Ich komme trotz meiner Habe nicht darüber hinaus und muss mich fügen. Will ich mich mit dieser Form von Ohnmacht nicht abfinden, bleibt mir nur der Kampf. Auch wenn er erfolgreich ist und ich die Spitzenposition erreiche, bin ich wieder nur Teil eines Größeren. Zu begreifen, dass das immer so sein wird, hängt von meinem Bewusstseinszustand ab. In der Konkurrenzsituation ist Wachstum davon geprägt, meiner Umgebung so viel Energie abzuringen, dass ich mit der in mir angesammelten Menge dominieren kann. Sie ist dann mein Besitz. So lange ich mich damit identifiziere, habe ich etwas zu verlieren, und der Moment, wo ich alles loslassen muss, kommt spätestens mit dem Tod. Habe ich bis dahin nicht gelernt, dass mich Habe, mit der ich mich identifiziere, als stets wachsende Last eines Tages erdrücken könnte oder wird, muss ich den Gang bis zu dieser Erfahrung durchhalten. Leiden entsteht am krampfhaften Festhalten an Missverständnissen.

Ein weniger schmerzhafter Weg besteht in einem anderen Machtverständnis. Macht ist auch Können. Ein hohes Können zeigt sich in der Leichtigkeit, mit der ich Erreichtes wieder loslassen kann. Ich erreiche sie durch die Betrachtung, dass es nicht verschwindet, sondern in der Vergangenheit erhalten bleibt. Dort ist es der Erinnerung zugänglich. Die mit jeder Erfahrung nach außen wachsenden Erfahrungskreise, bei denen jeder auf den vorhergehenden aufbaut, halten mich immer an der Spitze. Hier begnüge ich mich damit, meine Macht nur mir selbst gegenüber einzusetzen. Sie liegt darin, mich mit Gegebenheiten abzufinden und mit Positionen auch Stimmungen wechseln zu können. Das leichte Gepäck, auf das ich mich beschränke, sichert mir die Beweglichkeit, und wenn ich auch daran nicht anhafte, kann ich sogar das jederzeit loslassen. Doch dazu muss ich vorher wissen, wer ich bin. Das ist im Regelfall mit Angst verbunden. Denn um zu erkennen, wer ich wirklich bin, muss ich mich von meiner Habe trennen.

Erst dann zeigt sich, dass ich immer noch mich habe mit diesem Zauberpunkt in der Mitte. In ihm ist alles enthalten. Den Raum, den ich für meine Weiterentwicklung brauche, muss ich mir nicht aus meiner Umwelt erringen. Er entsteht aus dem scheinbaren Nichts magisch in mir und ich wachse mit ihm. Er ist Bewusstsein, und es wächst auch auf dem Weg des Opfers. So lernt es jede Form von Macht und Umgang mit Besitz kennen, und auf die gleiche Weise wächst jedes Ich. Das Bewusstsein, eine Erfahrung *gemacht* zu haben und das stets zu können, bleibt einzigartige Habe.

Die Summe aller Bewusstseinseinheiten stellt sich als riesiges Universum dar. Als wissenschaftlich allgemein anerkannt gilt, dass sich das physische Universum aus sich selbst heraus aufbläht, indem sich alle Punkte gleichzeitig voneinander entfernen. Nicht allgemein anerkannt wird, dass es sich um die bisher nur errechnete, aber noch nicht entdeckte Dunkle Energie handelt, die sie auseinandertreibt. Wenn ich diese Dunkle Energie mit dem Unbewussten gleichsetze, das sich fortwährend in das Licht des Bewusstseins wandelt, wäre das eine etwas unwissenschaftliche Erklärung für die Erweiterung.

Angst und Freude

Gefühle gehören ebenfalls zur Habe. Prinzipiell werden sie je nach persönlicher Bewertung in angenehme und unangenehme unterteilt. Ohne Bewertung wären sie einfach nebeneinander in ihrer unterschiedlichen Ausprägung vorhanden. Sie funktionieren wie eine Art seelisches Navigationsgerät und zeigen den Zustand an, in dem wir uns jeweils befinden.

Ein Navi, wie sich seine Kurzbezeichnung schon etabliert hat, informiert zuverlässig und emotionslos über seine momentane Position auf der Erdkugel. Zunächst ist ihm jede Stelle gleich recht. Das ändert sich, sobald es ein Ziel einprogrammiert hat. Dann überprüft es unentwegt, ob die festgestellte Fahrbewegung mit der errechneten Strecke zum Ziel übereinstimmt. Im schlimmsten Fall protestiert es, wenn es nach einem falschen Abbiegen keinen Weiterweg mehr weiß, durch ein zwar freundlich geäußertes, aber sehr konsequent wiederholtes „Nach Möglichkeit bitte sofort umkehren!" Damit nimmt es geradezu menschliche Züge an, denn Gefühle sind nicht bloße Positionsbestimmungen. Meine Interessen mischen kräftig mit.

Um noch kurz im technischen Bereich zu bleiben: Zeichenprogramme auf dem Computer bieten das sogenannte Farbrad an, bei dem die in Dreieckform zur Verfügung gestellten Grundfarben Rot, Grün und Blau durch Anpassung der Werte zueinander so eingestellt werden können, dass durch Mischung Millionen Farbtöne entstehen.

Ähnlich ist es mit den Gefühlen. Aus unterschiedlich vielen Grundgefühlen entstehen Mischungen, deren Nuancen die Anzahl der Computerfarben wahrscheinlich übertreffen. Da die wissenschaftlichen Zugänge zur Gefühlsdarstellung sehr unterschiedlich sind, kann ich es mir leisten, von lediglich zwei Grundgefühlen, nämlich Angst und Freude, auszugehen und diese einander gegenüberzustellen. Es ist allerdings eine grobe Vereinfachung.

Auf die Seite der Angst stelle ich Begriffe wie Dunkelheit, Leiden, Vernichtung, Destruktivität, Bösartigkeit und Verneinung, auf die Seite der Freude Glückseligkeit, Begeisterung, Vertrauen, Geborgenheit und Bejahung. Aus der Mischung aller oder einzelner Elemente beider Bereiche entsteht eine riesige Fülle von Gefühlen.

Wäre ich nun dieses erwähnte Navi, in dem kein Ziel eingestellt ist, könnte mir egal sein, wo ich gerade bin. Todesangst wäre nur ein anderes Gefühl als euphorischer Überschwang, und das blieben völlig nüchterne, mit jeder anderen gleichwertige Wahrnehmungen.

Nun bin ich aber ein Wesen mit Vorlieben und Abneigungen und habe einen Körper, mit dem ich mich identifiziere. In diesem Körper ist durch eine Entwicklung über viele Millionen Jahre ein grundlegendes Ziel eingebaut: Überleben. Dazu hat er die Gefühle, aber auch Empfindungen wie Schmerz entwickelt. Wann immer das Überleben in Frage gestellt ist, taucht Angst auf. Sie ist eine seelische Form von Schmerz. Ist das Überleben erst einmal gewährleistet, habe ich immer noch ein Ziel, nämlich möglichst gut leben. Ich strebe nach Freude, nach Glückseligkeit. Das Gefühl liefert mir stets die Positionsmeldung, wo zwischen den Polen ich soeben unterwegs bin, und Orientierungslosigkeit wäre in diesem Gefühlsdschungel erst recht die Hölle. Gerade die Hölle will ich vermeiden. Dort herrschen meiner Vorstellung nach Schmerz, Finsternis und Hoffnungslosigkeit.

Nun sind das aber durchaus irdische Verhältnisse, die viele Menschen ertragen müssen. Allerdings ist die ganze Menschheitsgeschichte und auch die Gegenwart reich bestückt mit Menschen, die in unterschiedlichsten Rollen für das Vorhandensein dieser Zustände sorgen. Warum tun sie das?

Ich kann es mir nur durch die Dualität erklären. Die Seele will die verfügbare Gefühlspalette auskosten, und weil sie als Seele ihre Unsterblichkeit kennt, kann sie sich jedes Experiment leisten. Dunkelheit und Licht sind schon mit den ersten Zeilen der Bibel als Grundpfeiler festgelegt, und in derselben Bibel gibt es Luzifer, der mit „Lichtbringer" übersetzt wird. Einst war er der höchste Engel, der aber Gott übertrumpfen wollte und deswegen in die Hölle verdammt wurde. Mit einem gehörnten, bocksfüßigen Wesen, dessen einziges Trachten Destruktivität, Macht und Vernichtung ist, gibt es einen Gegenspieler zu einem alten, bärtigen Mann auf dem Himmelsthron, der Allmacht und Allwissenheit verkörpert.

Neutral betrachtet, ist es für diese Spannungskonstellation unumgänglich, dass ihre beiden Elemente existieren. Ohne die ihm zugeschriebene Geschichte ist Luzifer als Herr der Finsternis nur das unverzichtbare Gegenstück zum Licht. Er erfüllt damit eine Aufgabe. So lange er nichts anderes kennt als sich selbst, tut er das mit größter Selbstverständlichkeit. Er leidet nicht unter seinem Schicksal und erfüllt es mit größter Überzeugung. Für ihn als Teufel ist der Himmel wahrscheinlich die Hölle, und darum fühlt er sich in seinem Himmel vermutlich recht wohl. Er bietet mit der Hölle einen gegensätzlichen Erfahrungsraum, der die Dualität erst ermöglicht und eine Wahlmöglichkeit schafft. In jeder etablierten Religion ist dieses Gegenspiel von Dämonen und Engeln enthalten, und ich weiß nicht, unter welchen Voraussetzungen ein Mensch die Wahl getroffen hat, sein Leben einer dieser Seiten mehr zu widmen. Ich weiß es auch von mir selbst nicht. Es scheint nur, dass es auf jeder Seite gleich viele Argumente gibt, um dieses Leben zu rechtfertigen und dass es in seiner Selbstverständlichkeit kaum zu erschüttern ist. Diktatoren, Terroristen und andere Straftäter wirken geradezu entrüstet, wenn ihnen Fehlverhalten vorgehalten wird, und ihre Gegenseite lässt keinen Zweifel aufkommen, dass es ein Fehlverhalten war.

Diese Wahl im Unbekannten ist es, die auch meine wesentlichen Ziele vorgibt. Diejenigen davon, die ich bewusst wählen kann, sind darin bereits eingebettet. Ständig überwache ich, ob ich auf einem verlässlichen Weg dorthin unterwegs bin. Jede Abweichung davon wird mit einem Gefühl der Unzufriedenheit oder Unsicherheit signalisiert und veranlasst mich zur Korrektur. Sollte ich diese versäumen, verschlimmert sich das Unbehagen und mündet in zunehmende Angst. Zumindest Stress tritt auf. Er besteht in deutlich erhöhter Aufmerksamkeit und einer Alarmierung im Körper, bei der insbesondere die Verdauung abgeschaltet wird, um Energie für vermehrte Handlungsfähigkeit bereitzustellen. Die Kreativität reduziert sich auf die Entscheidungsfähigkeit für Flucht oder Angriff. Erscheint die Situation beherrschbar, zeigt sich das als Wut. Entgegen ihrer herkömmlichen Bewertung als negativ ist Wut in ihrer natürlichen Form ein gesundes Aktivieren von Aggressivität, die für Durchsetzung erforderlich ist.

Spricht die Einschätzung der Situation gegen einen Angriff, bleibt nur noch die Flucht. Sie besteht in schleunigster Umkehr oder zumindest in einem Abbiegen. Sollten sich aber Flucht oder Angriff als aussichtslos herausstellen, verfällt der Körper in die Starre. Er ist handlungsunfähig. Die Natur hat diese Funktion als letzte Überlebenschance entwickelt. Sie ist bei der Maus gut beobachtbar, die von der Katze bereits gefangen wurde. Ein Totstellreflex lässt sie für das berühmte Katz-und-Maus-Spiel vielleicht uninteressant erscheinen, und das wäre die allerletzte Gelegenheit für Flucht. Auf menschlicher Ebene ist das Blackout bei einer Prüfung, die weder Flucht noch Angriff ratsam macht, ein meistens nicht ganz so dramatisches, aber reichlich unangenehmes Phänomen.

Auf dem Gipfel der Aussichtslosigkeit fügt sich der Körper ins Unvermeidliche. Wenn es nicht ohnedies der Tod ist, handelt es sich im Regelfall um eine Todesnähe durch einen schweren Unfall, eine andere Gewalteinwirkung oder jedenfalls um empfundene Ohnmacht gegenüber der Gefahr. Die Schmerzempfindung wird weggeschaltet und es entsteht bei noch vorhandenem Bewusstsein eine Art distanzierter Wahrnehmung der Situation, in der eine erstaunliche Klarheit und sogar eine absurd erscheinende Heiterkeit eintreten kann, die manchmal auch als Galgenhumor bezeichnet wird. Mit dem geistigen Loslassen des Körpers wird das Ich zu einem bloßen Beobachter, der nicht mehr bewertet. Hier wirkt es wie ein zielfreies Navigationsgerät, das sich nicht nur mit jeder Position abfinden kann, sondern sie vielleicht sogar als interessante Erfahrung beurteilt, die es immer schon kennenlernen wollte. Die Abkehr von einer Vermeidungshaltung erlaubt das vollständige Durchleben der Erfahrung, die im besten Fall im Begreifen von sich selbst als Ursache besteht. Von hier weg wird es nur noch besser. Am äußersten Pol kehrt die Stimmung um und bewegt sich in Richtung Gegenteil.

Wurde die ganzheitliche Wahrnehmung des Erlebnisses jedoch vor der rückhaltlosen Einswerdung des Geschöpfs mit dem Schöpfer abgebrochen, das heißt, die eigene Verantwortung dafür nicht anerkannt, bleibt ein Rest offen. Die vorangegangene Erfahrung wird von einem Opfer mit der meist unbewussten Entscheidung abgeschlossen, hierher nie, nie wieder zurückkehren zu wollen. Das Ergebnis ist ein Trauma, das dafür sorgt, hinkünftig bei den leisesten Anzeichen für eine ähnliche Gefahr mit Angst zu reagieren und eine Annäherung an diesen Erfahrungskomplex möglichst zu vermeiden.

Dieser natürliche Mechanismus ist auch im sogenannten modernen Menschen noch uneingeschränkt wirksam. Statt in der wilden Natur lauernder Gefahren sind es hauptsächlich die Umstände unseres Gesellschaftslebens, durch die Besitz, Prestige und soziales Umfeld in Gefahr geraten können. Vor allem die Zustände des eigenen Gefühlslebens und des Körpers können oft nicht gesteuert werden. Auch das ist mit Angst verbunden. Der Angst ist egal, wovor sie sich fürchtet. Am Ende braucht sie dazu nur sich selbst, und um sich kämpft sie mit Todesmut.

Angst entsteht durch den Verlust empfundener Sicherheit. Sie richtet sich generell gegen jeden Verlust. Das Ergebnis von Verlust ist ein Weniger von Gutem. Das gilt es zu vermeiden. Was gut und weniger gut, also schon etwas schlechter ist, ist von den Glaubenssätzen geprägt. Erotische Empfindungen, ungebremste Wut und ausgeschmückte Rachegelüste würden sich durchaus angenehm und jedenfalls erleichternd anfühlen, sind jedoch gesellschaftlich oder durch Erziehung als sündig und damit verboten verankert. Das gute Gewissen geht verloren.

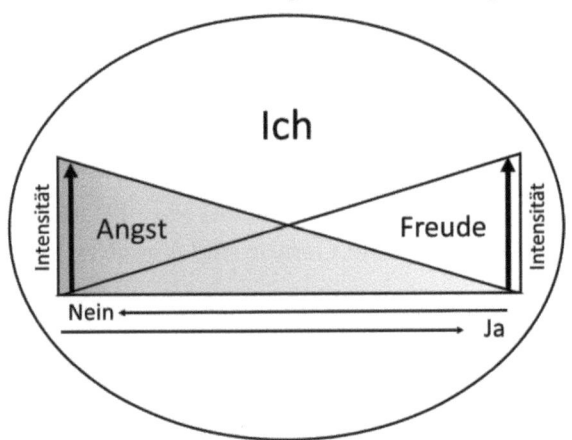

Die Bandbreite der Gefühle mit ihren modellhaften Eckpunkten gibt zwei konträre Richtungen vor. Die eine ist von Widerstand geprägt, der sich mit einem Nein gegen jegliche Reduktion des Höchstmaßes an erreichtem Freudvollem richtet. Damit strahlt bereits eine Qualität von Angst in jede Empfindung, die als Rückschritt vom Maximum an Wohlgefühl empfunden wird. Es ist bereits Verlust. Im Gegensatz dazu bedeutet jede Wegbewegung von der Angstseite eine Verbesserung, die mit einem Ja verknüpft ist. Es wird angenehmer, und darin liegt Gewinn.

Die Beurteilung wird vom darüber angesiedelten körperlichen Ich vorgenommen, das als Ego durch seine spezifischen Vorlieben persönliche Interessen verfolgt. Wachsam reagiert es mit Widerstand gegen eine Beeinträchtigung dieser Interessen. Es beginnt, sich gegen eine als negativ bewertete Entwicklung immer mehr zu verschließen, je weiter es von assoziiertem Vorteil abfällt. In der Ecke der Angst lauern deren Extremformen wie Tod, Vernichtung, Zerstörung, Verdammnis und Bösartigkeit, die als Teufel personifiziert wurden und mit Hölle gleichgesetzt sind. Das sind ausreichende Gründe, um jede Annäherung zu meiden und nur ein Ziel zu kennen: größtmögliche Freude, die Formen wie Begeisterung, Glückseligkeit und Euphorie einschließt und himmlisch ist. Je größer die Nähe dorthin ist, umso mehr geschieht ein Öffnen und die Bereitwilligkeit des Empfangens. Im Grund ist es die Freude an der Freude. Sie besteht in der gefühlsmäßigen Bestätigung, dass ich etwas Angestrebtes erreicht habe und erfolgreich war. Wahrnehmung und Ziel stimmen überein. Die Annahme und Bejahung dessen, was ist, stellt sich außer Frage.

Die andere Seite ist die Angst vor der Angst. Sie besteht im Ablehnen dessen, was ist. Das Nein zu einer Wahrnehmung bedeutet Widerstand gegen ihr Sein. Dieses widerspricht dem angestrebten Ziel. Die Befürchtung von Schmerz wird als Enge spürbar, und aus diesem Begriff leitet sich die Angst ab. Im Endstadium wird die Enge zu einem Feststecken in Hilflosigkeit und Ohnmacht. Dort bin ich meiner Angst völlig ausgeliefert. Was in Wirklichkeit zum Erliegen gekommen ist, ist die Freude an diesem Zustand. So paradox es auch erscheint, es gibt an diesem Ort tatsächlich ein unentdecktes Potenzial an Freude. Es ist die Freude der Angst, endlich wahrgenommen und akzeptiert zu werden. So lange sie abgelehnt wird, ist sie zu einem Schattendasein im Unbewussten verdammt und versucht verzweifelt, sich bemerkbar zu machen. Verrückterweise könnte noch etwas Freude haben: mein Unbewusstes, das sich in seiner Destruktivität gegenüber mir selbst und dass mir recht geschieht, daran zu leiden, bestätigt sieht. Erfolgreiches Opferdasein kann regelrecht überheblich machen.

Das gleiche Paradoxon liegt in der Gegenseite. Das Schwelgen in der so angestrebten Glückseligkeit führt durch die sie bejahende Haltung zu einer Euphorie, deren Anwachsen früher oder später unheimlich wird. Es entsteht die Angst, zu zerplatzen und so viel Energie nicht ertragen zu können. Dadurch wird die Fortsetzung abgebrochen. Ich bin nicht gut genug, nicht stark genug, noch nicht bereit dafür.

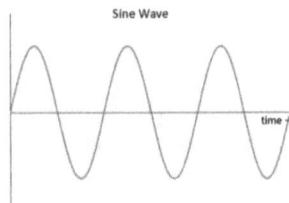

Das Leben sorgt für Ausgleich. Er zeigt sich an der Sinuswelle (Bild aus Wikipedia). Eine Aufwärtsbewegung führt von einer gedachten Mittellinie zu einem Höhepunkt, geht von dort über die Mittellinie in einen gleich weit von dieser entfernten Tiefpunkt über und endet als fertige Welle auf der Mittellinie. Dort beginnt der nächste

Zyklus. Er muss nicht immer das größtmögliche Maß an Ausschlag umfassen, sondern kann sich auch auf winzigste Bewegungen beschränken. Unabänderlich bleibt dabei, dass die Schwingungsweite nach oben die darauffolgende Schwingungsweite nach unten vorgibt. Im Praktischen bedeutet dies, dass die Vermeidung von Angst in gleicher Weise auch zur Vermeidung von Freude führt. Ich verbleibe damit in einem mittelmäßigen Unbehagen.

Weder Angst noch Freude und auch kein sonstiges Gefühl sind vorgegeben. Davor liegt eine Entscheidung. Meine. Freilich liegt sie häufig im Unbewussten. Da ist noch so viel Unbekanntes und im Regelfall Bedrohliches enthalten, dass ich die größte Angst vor mir selbst habe. Solange ich das verdrängen muss, habe ich mit mir keine Freude.

Liebe

In der beschriebenen Gefühlswelt scheint die Liebe nicht auf, weil sie in ihrer Reinform dort nur als das hineinpassen würde, was sie nicht ist. Sie ist kein Gefühl, sondern ermöglicht es nur. Was herkömmlich als Liebe betrachtet wird, sind menschliche Abwandlungen davon. Ihre einzige Tätigkeit ist, pausenlos von sich zu geben, ohne sich darum zu kümmern, was davon angenommen wird. Da sie nichts anderes als sich selbst kennt, nimmt sie nur die Liebe an, von der sie ohnedies umgeben ist. Auf diese Weise will sie immer mehr von sich erfahren und quillt ständig über.

Als Zustand ewiger Liebe ist sie unantastbar und unverletzlich, was so weit führt, dass sie auch einer präzisen Beschreibung unzugänglich bleibt. Am ehesten trifft das großzügige Verschenken von Freiheit auf sie zu.

Schenken ist bedingungslos. Es erfolgt aus purem Wohlwollen, aus der Freude am überfließenden Sein, und ist an keine Gegenleistung geknüpft. Das unterscheidet es von einem Geschäft, in dem gegeben wird, um zu erhalten: Nur wenn du mir deine Liebe gibst, bekommst du auch meine. Die echte Liebe vergeht auch dann nicht, wenn sie nicht erwidert wird.

Freiheit schränkt nicht ein. Sie gestattet kritiklos jede Entfaltung und ermöglicht jedes Experiment, umfasst daher auch die Erlaubnis, zu leugnen, zu urteilen und Fehler zu machen. Bei aller Unabhängigkeit, die sie selbst zugesteht, ist sie jedoch selbst nicht unabhängig. Als Teil der Dualität ist sie begrenzt, und es wäre nicht die Freiheit, wenn sie sich diese Begrenztheit nicht gestatten könnte. Sie ist von der Liebe abhängig.

Ein anderes Wort für diese bedingungslose Liebe ist Gott. Bevor noch ein Ich war, war schon die Liebe da. Die hat das Leben geboren, um sich selbst darin zu erfahren.

So oft stellt sich die Frage nach dem Sinn des Lebens. Es hat zunächst keinen, denn das wäre eine Vorbestimmung. Was es aber beinhaltet, ist die Freiheit, ihm einen zu geben.

Ja und Nein

Das Ja kann feststellen, dass etwas ist, das Nein, dass etwas nicht ist. Beide Begriffe setzen eine Festlegung voraus, was damit gemeint ist. Sichtbar wurde es bei meinem Zugang zu Angst und Freude, wo ich das Nein als gleichbedeutend mit der Haltung gegenüber der Angst verwendet habe. Das Ja meint dort die Befürwortung der Gegenrichtung.

Hätte ich aber nach dem Vorhandensein von Widerstand gefragt, wäre Ja und Nein gegensätzlich einzusetzen gewesen. Dass ein Ja als positiv gilt und ein Nein als negativ, ergibt sich aus einem Vorurteil. Grundsätzlich sind beide wertfreie Begriffe. Ihren bewertenden Beigeschmack erhalten sie erst aus den näheren Umständen.

Ja oder Nein ergeben sich aus den Fragen, die sie voraussetzen. Dann stellen sie eine klare und kompromisslose Antwort dar. Etwas ist oder ist nicht. Wenn es nur teilweise ist oder nicht ist, ist es eben nicht ganz so und bedarf mitunter weiterer Worte. Diese lassen sich aber auch ausschließen. Dann beschränkt sich der Fokus auf ein grundsätzliches Vorhandensein oder Fehlen. Das leiseste Vorhandensein von Widerstand, nach dem gefragt wird, erfordert bereits eine Bejahung. Allerdings ist jede Existenz nur eine Frage des Ausmaßes. Ein bisschen mehr Ja ist ein bisschen weniger Nein und umgekehrt. In der Mitte halten sich beide die Waage. Für den einen ist dort alles das, was es ist und weder gut noch schlecht, für den anderen ist die Patt-Situation unerträglich und er muss sich entscheiden.

Das Leben ist voll von Fragen, wenn es jemanden gibt, der sie stellt. Die Antwort ist allerdings nur dann klar, wenn es auch die Frage war. Sie muss daher auf den Punkt gebracht werden, und die nächste Frage wäre bereits, ob sie auch präzise genug gestellt ist. Die Antwort wird letztlich in einem eindeutigen Ja oder Nein bestehen, wenn ich bereit bin, die Wahrheit zu ehren und ehrlich zu sein. Das wiederum ergibt sich wieder nur aus Frage und Antwort, und es gibt Fragen, die nur ich beantworten kann.

Die Antwort kann aus dem Kopf kommen. Dann sollte ich mir die Frage stellen, ob der übrige Körper damit übereinstimmt. Ist dies der Fall, kann ich der Antwort vertrauen.

Warum dieser Vorgang wichtig ist, ergibt sich für mich daraus, dass mir das Leben laufend Fragen stellt und ich wahrscheinlich ihm auch. Die Antworten kann ich glauben oder nicht. Entscheidend für mich ist, dass ich damit leben muss. Ob sich das angenehm anfühlt oder nicht, liegt in meiner Ver*antwortung* für die Antworten, die ich mir zuvor gegeben habe.

Dankbarkeit

Dankbarkeit ist eine Form von Antwort. Sie ist empfangene Liebe, die erwidert wird. Ein Kreis schließt sich, und weil er dann doch kein Kreis ist, wird er zu einer sich unaufhörlich erweiternden Spirale. Gegebenes fließt zurück und wird dadurch mehr als es vorher war.

Die Liebe ist in diesem Fall jedoch bereits an eine Bedingung geknüpft. Sie muss von einem Geschöpf wahrgenommen und als Geschenk empfunden werden. Daraus entsteht Dankbarkeit als natürliche Reaktion. Sie ist ein Gefühl, mit dem die Verfügbarkeit einer Gabe gewürdigt wird, die sie zur Habe macht. Dieses Gefühl ist nur dann selbstverständlich, wenn Erhaltenes nicht selbstverständlich ist, sondern als Geschenk verstanden wurde.

Das Leben ist in jeder Form ein Geschenk. Es ermöglicht Bewusstsein und lässt mich erkennen, was ich habe. Solange das unbewusst ist, bleibt mir Dankbarkeit fremd. Wenn sie dann da ist, ist sie ein überaus beglückender Zustand. Der Verstand kann diesen Zustand nicht willkürlich herbeiführen, aber er kann die Aufmerksamkeit auf die Dinge lenken, die ich schon geschenkt bekommen habe. Das schränkt die Dankbarkeit auf jene Elemente ein, die ich als wohltuend anerkenne. Was nicht angenehm ist, ist ein Schicksalsschlag. Dafür kann ich nicht auch noch dankbar sein.

In der rückwirkenden Betrachtung stellt sich jedoch oft heraus, dass manche Widrigkeit im Leben sehr lehrreich und damit doch auch ein Geschenk war. Es war dazu da, um mir zu dienen, und je mehr sich der Blick darauf weitet, umso eher kann jedes Detail im Leben als Geschenk begriffen werden.

Auch die Angst mit all ihren Facetten ist eine Dienerin. Sie bewahrt mich davor, Dinge in Angriff zu nehmen, denen ich nicht gewachsen bin. Jede Grenze, die mir meine Beschränkung vor Augen führt, ist eine Lehrmeisterin, und hinter der letzten großen Barriere, die mir den Blick in die Zukunft verwehrt, wohnt eine Macht, so unergründlich, dass ich ihr vermeintlich zwangsläufig ausgeliefert bin und ihr dienen muss. Doch diese Macht hat mich mit einem Willen ausgestattet, mit dem ich wählen kann, gerne zu dienen. Sie lässt mich wählen, sie als die grenzenlose Liebe anzuerkennen, die mir unablässig ihre Hand reicht, um mich sicher und geschützt durch das Leben zu führen. Und sie hat mich bereits an den absoluten Punkt geleitet, dessen Unbegreiflichkeit es mir erlaubt, ihn auch in mir zu entdecken. Unentwegt stellt er aus dem Nichts Raum zur Verfügung, in den ich mich in jedem Sekundenbruchteil mit jeder Erfahrung erweitern kann. Er ist ein magischer Punkt, das Zauberreich, dem neben den so real wirkenden Lebensinhalten auch die Träume und meine Fantasie entspringen. Er ist die Quelle meiner Wolkenschlösser, in denen es Drachen geben kann und auch philosophische Spaziergänge. Und diese Quelle ist unerschöpflich. Jedes beliebige Wolkenschloss kann ich entstehen lassen.

Was musste ich dafür tun? Nichts. Alles wurde mir geschenkt, und sobald ich das bedenke, kann ich dafür nur dankbar sein. Auch die Dankbarkeit ist mir geschenkt. In diesem Licht verwandelt sie sich in Demut.

Das Herz

Sobald Liebe auf ein Herz trifft, das sie empfindet, will sie auch weitergeben werden. In dieser Form wird ihre Himmelsqualität menschlich, und selbst Tieren scheint sie nicht fremd zu sein. Sie ist darauf gerichtet, das Leben zu fördern. Da dazu aber jede Erfahrung, auch die unangenehme, dienlich ist, habe ich die Liebe aus dem üblichen Spannungsfeld zwischen den Erscheinungen von Angst und Freude herausgehalten. Es gibt in ihr kein Böse. Da ist alles gut.

Diese Geisteshaltung ist nicht im Kopf, sondern im Herzen angesiedelt. Sie ist da, bevor sie der Verstand registrieren kann. Der kann sie dann nur noch bejahen, sofern er sie nicht ausdrücklich ablehnt.

Klar ist, dass das organische Herz andere Aufgaben als das Liebesmanagement hat. Dennoch ist Liebe in seiner Nähe im Brustbereich am deutlichsten spürbar. Seit Menschengedenken ist es das Reich, aus dem die Dichter und Romantiker schöpfen. Sie meinen das Herz als das energetische Zentrum irdischer Liebe. Für den Verstand ist dieses Phänomen viel weniger klar. Es funktioniert aber trotzdem und gerade ohne viel Denken am besten. Das Wort, das es am ehesten umschreibt, lautet Ja. Das Herz sagt auch ja zu jedem Nein. Es urteilt nicht und ist dadurch ein Synonym für Liebe. Die ist wieder mit Freigiebigkeit und Schenken assoziiert und Schenken mit Selbstlosigkeit.

Dazu ist eine Begriffsklärung geboten. Wenn das Selbst, so wie ich es tue, mit der Auffassung von Seele gleichgesetzt wird, ist es in jedem Wesen unverzichtbar. Gerade sein Vorhandensein ermöglicht die Nächstenliebe, mit der das Herz in starker Verbindung steht. Was mit Selbstlosigkeit gemeint ist, ist tatsächlich Ego-Losigkeit, das Fehlen des eher üblichen „Ich zuerst". Doch hier lauert das nächste Missverständnis. „Liebe deinen Nächsten wie dich selbst", ist ein bekannter Spruch des Neuen Testaments, und wer diesen Satz noch steigern will, formuliert seinen Schluss in „als dein Selbst" um. Das ist die große Variante, die darauf hinweisen will, dass wir alle eins sind. Es wäre aber nicht die Dualität, in der eines ohne das andere funktionieren könnte. Das Universum braucht auch mich, um ganz zu sein.

Die Mitte ist gefragt, wo beide Seiten gleich beteilt werden und hier tatsächlich eins sind. Ich erinnere an mein Gedankenexperiment beim Ich, wo ich meine Grenze bis zum Äußersten ausdehnte und sah, dass das gesamte Außen auch in mir ist. Beim Blick in mein Inneres bin alles ich selbst, jeder Gedanke und jede Gefühlsregung, damit alles Bewusste und sogar Unbewusste. Alles, was mich darin stört, hat eine Aufzeigefunktion, egal ob es politische Gegebenheiten in der Weltgeschichte, mein Kopfschmerz oder der überlaute Rasenmäher des Nachbarn sind. Die Störung liegt darin, dass sie meine Behaglichkeit reduziert; dieses satte Gefühl, völlig richtig, sicher und geborgen zu sein. Ich bin es dann nicht, denn etwas bedroht mich. Der

Inbegriff aller Bedrohungsformen ist Angst, und die ist ein unerwünschter Teil von mir. Ihr will ich keine Aufmerksamkeit schenken. Lieber bleibe ich egoistisch.

Wie es meiner Angst damit ergeht, wäre eine andere Frage. Sie ist, sobald sie in mein Bewusstsein tritt, von mir geschaffen: mein Kind. Als ein mir derart nahestehendes Wesen ist nachvollziehbar, dass es denken und fühlen kann. Es denkt und fühlt wie ich, und diese Fähigkeit jedem Wesen zuzuerkennen und Anteil daran zu nehmen, ist Mitgefühl, eine wesentliche Herzensqualität. Bekannt ist sie auch als Empathie und meint, zu fühlen, wie sich jemand oder etwas fühlt.

Wenn ich meine Angst unterdrücke, fühlt sie sich wie ein von den Eltern abgelehntes Kind, das in den finsteren Keller gesperrt wurde. Es steht in einem Dilemma. Einerseits will es im Sonnenschein des Bewusstseins leben, andererseits muss es sich aber auch vor mir verstecken, denn es weiß, dass ich es ganz weghaben, schlicht töten will. Es hat also Angst um sein Leben. Anders formuliert, hat die Angst Angst um sich, und um zu überleben, muss auch sie trachten, mich von sich fernzuhalten. Dazu wählt sie mitunter ein herrisches Gehabe und legt sich schreckliche Masken zu, um abschreckend genug zu wirken. Das wiederum hält mich tatsächlich auf Distanz, und was ich erlebe, ist die Bedrohung, mit der sich zwei Seiten gegenüberstehen und sich darin immer weiter aufschaukeln. Es ist meine eigene Energie, die dabei verloren geht, und sie fehlt mir zur Freude.

Bis das Bewusstsein bis zu dieser Erkenntnis gereift ist, braucht es Zeit, um auch die für den nächsten Schritt erforderliche Behutsamkeit zu entwickeln. Es ist auf jeden Fall der erwachsenere Teil von beiden, dessen Aufgabe darin besteht, sich der Angst zu stellen. Das Mitgefühl gibt mir den Weg vor. Es besteht darin, selbst zu einem verängstigten kleinen Kind zu werden, dem der übermächtige Vater im Dunkeln gegenübertritt. Dann weiß ich, was der auf keinen Fall tun sollte, nämlich mir zu nahe zu kommen. Ich will nicht bedrängt, sondern respektiert sein. Ich will in meinem Schmerz anerkannt und verstanden werden. Dazu braucht auch der Vater Zeit. Nur sein Herz wird ihm erlauben, meine mitunter furchterregende Maske zu durchschauen und Kontakt mit meinem Herzen aufzunehmen. Dazu sollte er auch in Kontakt mit sich selbst bleiben. Dann spürt er, wann er auf jeden Fall in seiner Annäherung innezuhalten und nach dem ersten Kontaktversuch vielleicht auch gleich wieder zu gehen hat. Spätestens dann lernt er auch, dass er meine Grenze am besten damit achtet, dass er seine respektiert. Aber er kann wiederkommen, behutsam, sanft und geduldig, bis ich beginne, Vertrauen zu fassen. Irgendwann kann ich ihn dann ganz an mich heranlassen. Wir können einander lange in die Augen blicken und erkennen, dass wir ein Blut sind. Wenn der Vater seinen Sohn als sein Geschöpf annimmt, ist das für mich Versöhnung. Die geschieht in diesem Moment, und sie geschieht immer dann, wenn ich mich als der Ursprung dessen begreife, was mich bisher geängstigt oder sonstwie belastet hat. Dann gibt es keinen Grund mehr, dass einer vor dem anderen zurückschreckt, und es gäbe auch keinen Grund mehr, irgendetwas in der Welt als so bedrohlich zu empfinden, dass es mit Mitgefühl und somit auf Herzensebene nicht lösbar wäre. In meinem Herzen trägt es zu meinem Wachstum bei, das darin besteht, immer mehr abgespaltene Anteile von mir darin wieder aufzunehmen. Dass es gelungen ist, zeigt sich am Entstehen von Dankbarkeit. Eine Erfahrung, der ich dankbar sein kann, muss ich nicht mehr weghaben. Ich schenke ihr mein Herz.

Zusammenfassung

Wer glaubt hier, was zusammenzufassen? Diese Frage stellt mich selbst auf den Prüfstand. Damit verschwinden Gewissheiten, von denen ich sonst gerne ausgehe, und obwohl ich es bin, der das schreibt, scheue ich vor der Konsequenz dieses unüblichen Zugangs fast zurück.

- Als Ich mache ich mich zur Hauptperson, und die ist der Maßstab meiner Betrachtungen. Ausgerechnet dieser Maßstab ist jedoch nicht objektivierbar und das Definierende ist für mich nur indirekt zu definieren. Es ist unbeschreiblich und in letzter Konsequenz nur an dem erfassbar, was es nicht ist. Was ich zu sein glaube, ist nicht das, was ich bin, sondern was ich habe. Obwohl dem Verstand unzugänglich, beweise ich mit meinem Sein mich selbst.

- Ich habe Bewusstsein. In mir ist Geist, und dadurch bin ich.
- Ich habe einen Körper, der denkt und fühlt. Er kann berühren und ist berührbar. Damit empfindet er seine Grenzen. Sie umhüllen einen physischen Raum, der für ihn zum Erfahrungsraum wird. Dieser Raum ist der Mittler von Informationen, die sich laufend verändern und gleichzeitig meine Erfahrungen vom Leben auf dieser Erde erweitern.
- Der Geist in mir hat einen Willen. Damit legt er Ziele fest und prüft ihm erkennbare Möglichkeiten, die ihn nach seinem begrenzten Wissensstand bestmöglich dort hinzuführen versprechen. Der Wille ist darauf gerichtet, mehr über mich selbst zu erfahren, indem ich wissen will, wie sich eine erkannte Möglichkeit in der Realität anfühlt. Dies erfahre ich durch das Sein in der Energieform, die ich gewählt habe und sich in den jeweiligen Lebenssituationen im Austausch mit anderen abbildet.
- Dass ich dieses Schicksal gewählt habe, ist mir nicht immer bewusst. Als Wirklichkeit tritt in Erscheinung, was ich am stärksten mit meiner Energie aufgeladen habe. Oft handelt es sich um jene Möglichkeit, die ich am ehesten vermeiden wollte. Ihre wahre Bedeutung für mich habe ich zu einem Zeitpunkt festgelegt, den ich vergessen habe. Das

gehört zu meiner Verantwortung und zu meinem Weg.

- Um mich als einzigartiges Geschöpf in aller Tiefe erfahren zu können, muss ich vergessen, dass ich sein Ursprung bin. Die Sehnsucht nach Wiedervereinigung mit dem, was vorher war, lässt mich aus vermeintlichen Erfolgen und Misserfolgen lernen, mich wieder zu erinnern.
- Meine Mittel dazu sind mein Denken und meine Empfindungen. Jede Erfahrung wird von mir bewertet und formt aus den Überzeugungen, die sich daraus ergeben, meine Vorstellung davon, wer ich zu sein glaube. Mein Ich ist dadurch mit meinem Körper und seinen Erinnerungen verknüpft und zieht diese im Regelfall für die Bewertung neuer Erfahrungen heran. Diese sind dann nicht mehr wertfrei, was sie wirklich sind, sondern wie sie durch die Filter von Überzeugungen erscheinen. Sie wirken als Ausgangsbasis, mit der ich in die nächste Erfahrung gehe.
- Vergangenes ist tot. Im Moment der Erinnerung wird es im Jetzt als das lebendig, woran ich mich erinnere. Ich erschaffe sie in der Gegenwart neu und kann sie verändern, was im nächsten Moment die Vergangenheit ändert.
- Jeder Verlust ist mit Schmerz verbunden. Um ihn zu vermeiden, tritt Angst auf. Sie ist eine Form von Widerstand und signalisiert, dass etwas, was ich als

meinen Besitz betrachte, reduziert wurde oder werden könnte.

- Was dadurch immer reduziert wird, ist die Lebensfreude. Sie ist die Freude an der Freude, die ich haben könnte, wenn ich sicher wäre, dass ich nichts verlieren kann und mir mit meiner Vergangenheit alles, was ich bewahren will, erhalten bleibt, egal wie weit ich ins Unbekannte vordringe. Solange ich jedoch nicht sicher weiß und auch nicht glauben kann, wer ich wirklich bin, halte ich an dem fest, was ich habe.

- Dieses Festhalten erlaubt mir die Erfahrung, Grenzen sowohl erweitern als auch daran scheitern zu können und immer mehr Möglichkeiten meines Ich's zu erkennen. Selbst die Ursache von Grenzen zu sein, bringt mich meiner eigenen Natur näher. Sie liegt nicht in weiter Ferne, sondern unsichtbar in mir eingebettet. Im Bestehen auf Worte und Erklärungen bleibt sie unerreichbar. Als pures Sein ohne jedes Beiwerk wäre ich tatsächlich ich selbst mit keinem und allen Namen, bewusster Schöpfer und Geschöpf in einem und dennoch dem Ungeteilten entstammend. Zu diesem habe ich nur Zutritt, wenn ich bereit bin, dieses unerklärliche Ich an der Schwelle zu Ihm als meine einzige Habe auch noch loszulassen.

- Ich habe damit zusammengefasst, was meiner Meinung nach auch auf dich zutrifft. Es ist aber sehr wahrscheinlich, dass du es anders formuliert hättest oder vielleicht noch gar nicht bedacht hast. Dadurch sind wir unterscheidbar, jeder auf seinem eigenen Weg und dennoch eins in der Summe des Großen Ganzen, das uns als seine Kinder birgt und mit seiner Liebe begleitet, auch wenn wir uns alleingelassen wähnen.

Was tun?

Diese Frage könnte jemand stellen, der sich im bisherigen Text zahlreichen angerissenen Baustellen gegenüber sieht. Ich weiß, dass mein Wolkenschloss vielleicht ungewöhnlich Formuliertes, aber nichts grundlegend Neues enthält, schon bisher Bekanntes lediglich in einer neuen Form zusammenwürfelt und theoretisch bleibt. Für die Anwendbarkeit im täglichen Leben mag es daher als unzureichend erscheinen. Es war auch nicht mein Ansinnen, ein Benutzerhandbuch zustande zu bringen. Dazu habe ich auf der Suche nach der Abkürzung zu der einen Gebrauchsanleitung, die mir sofort die Eintrittskarte zur Erleuchtung verschafft, viel zu viele gelesen. Jede hat mich nur ein Stück weitergebracht und mir immer wieder vor Augen geführt, dass Information nicht gleichbedeutend mit Erfahrung ist. Die musste ich mir selbst erarbeiten, und dieser Prozess ist noch nicht abgeschlossen.

In den letzten vierzig, fünfundvierzig Jahren ist das Angebot von Büchern und Seminaren aus einem geheimnisumwobenen Nischendasein förmlich explodiert und das Internet ist zu einer breiten Plattform für teilweise sogar sehr Fundiertes geworden. Im Gegensatz zu der Sensationslust, mit der ich vor allem am Anfang Seminare besuchte, habe ich die Wirksamkeit des Einfachen entdeckt. Eine Zeitlang war mir das zu banal, bis ich draufkam, dass für den Denker das Einfachste am schwierigsten ist. Auch ein sehr kompliziert erscheinender Weg besteht jedoch nur aus Einzelschritten. Er braucht nicht mehr, als gehen zu können und das auch zu wollen. Je unbefangener mir das gelingt, umso mehr tun sich völlig unerwartete Zugänge auf, indem mir Bücher, sonstige Informationen oder Menschen begegnen, die genau in diesem Moment zu einem weiteren Schritt einladen. Wenn ich dennoch meine eigene Erfahrung hier erwähne, widerspreche ich mir beinahe selbst. Der Anfang besteht nicht im Gehen. Er besteht im Innehalten, egal was ich gerade tue. Das beantwortet das einleitende Was.

Das Wie stellt sich dann nicht mehr. Es passiert bereits. Es ist das Seinlassen dessen, was ist. Das ist bereits Meditation. Sie bedeutet, in der Mitte der Sache zu sein, auch in der Mitte der Tat, die sie als Wort beinhaltet. Es geht darum, bewusst zu sein, vielleicht sogar sehr bewusst. Aus gewöhnlicher Aufmerksamkeit wird dann Achtsamkeit und aus Achtsamkeit Behutsamkeit. Behutsamkeit ist die beste Voraussetzung, mit dem, was sich ergibt, umzugehen; vor allem mit sich selbst.

Meditation besteht nicht nur im klassischen Sitzen mit überkreuzten Beinen auf dem Boden in tiefer Selbstversunkenheit. Beispielsweise beim Griff nach einer Türschnalle sekundenlang innezuhalten, ihre Temperatur zu spüren und darauf zu achten, auf welchem Fuß ich soeben stehe, kann bereits Meditation sein, von der jemand anderer gar nichts bemerken muss. Der Kreativität, mit der sich solche Momente durchaus auch unauffällig ins Tagesgeschehen einbauen lassen, sind so gut wie keine Grenzen gesetzt. Ich muss sie wollen und die Gelegenheit dazu nicht nur wahrnehmen, sondern bewusst auch schaffen. Das zeigt seine Wirkung aber erst dann, wenn es praktiziert wird.

Diese kleinen Übungen lassen sich erweitern. Wer sich vor Meditationen scheut, kann sich auch ohne diese Bezeichnung zehn Minuten zur Seite setzen und betont nichts tun. Fast nichts zumindest. Denn etwa auf den Atem zu achten und vielleicht draufzukommen, dass er flach und zurückgehalten ist, ist ein aufschlussreiches Beiwerk. Dass ich die Übung für dämlich und völlig nutzlos halte, auch. Und wirklich nichts zu tun wäre ohnedies eine echte Meisterleistung. Es bestünde in der völligen Unvoreingenommenheit allen aufkommenden Eindrücken gegenüber, einem Staunen, aus dem sich wunschloses Sein ergibt. Reines Fühlen ist frei von Denken, Schwelgen in purer Existenz ohne deren Interpretation. Ein Wollen von mehr wäre Willensbetätigung. Sie unterbricht das Fühlen, das dieses Sein erst erlebbar macht.

Lohnenswert ist mit und ohne Meditationscharakter, sich selbst bewusst Fragen zu stellen. Sie müssen nicht zwingend auf ein Ja oder Nein hinauslaufen. „Wer bin ich?" ist eine sehr einfache, aber große Frage, doch es geht einfacher. „Was fühle ich soeben?", „Was denke ich?", „Was ist mir heute wichtig?", „Ist das auch wirklich stimmig?" „Was vom heutigen Tag würde ich morgen anders machen?", „Wenn ich mein Knieschmerz wäre, was würde ich mir sagen wollen?" sind Beispiele dafür. Sie dienen dazu, mich in meine eigene Präsenz zu führen. Aus den eigenen Antworten klärt sich meine Beziehung zu mir selbst und der Umwelt.

Nicht alle Antworten müssen aus mir selbst kommen. Allein die Formulierung einer Frage kann bereits sehr viel zutage fördern. Ist sie dann noch immer offen, lohnt es sich, diese Offenheit auszuhalten und aufmerksam zu bleiben. Ein zufällig aufgeschlagenes Buch, ein Satz im Radio, ein Werbeplakat oder eine aufgeschnappte Bemerkung kann auch Tage später die Antwort liefern.

Auch unbequeme Antworten schaffen Klarheit. Sie kann darin bestehen, dass ich zu Klarheit nicht oder noch nicht bereit bin. Dann weiß ich bereits mehr. Ebenso ist es möglich, plötzlich zu begreifen, dass beispielsweise meine Ehe schon seit Jahren schiefläuft oder ich immer schon im falschen Beruf war. Auch wenn es einen lange hinausgezögerten Zusammenbruch bedeuten kann, macht erst die Anerkennung der Wahrheit den Weg frei für weitere Schritte. Dass ich von einem Platz, auf dem ich nicht bin, nicht wegkann, wirkt zwar wie eine Binsenweisheit, könnte aber eine eigene Meditation verdienen.

Eine echte Herausforderung kann darin liegen, die Dinge sein zu lassen. „Lass das sein!" kenne ich aus meiner Kindheit nur als Verbot. Es bedeutete, die Finger von etwas zu lassen, mich nicht damit zu beschäftigen. Heute verstehe ich diesen Satz abgeklärter. Er geht in zwei Richtungen. Einerseits verweist er auf ein Werden, mit dem soeben etwas entsteht. Das kann ein unerfreulicher oder sogar verbotener Gedanke sein, der aufsteigt. Statt erschrocken abzubrechen, lässt sich dann weiterverfolgen, wohin er sich entwickeln möchte. Es ist das Zugestehen von Freiheit für spontanes Sprießen, ohne es schon im Entstehen zurechtzustutzen.

Die andere Form gesteht die Freiheit dem schon Bestehenden zu. Sie liegt in der Anerkennung, dass etwas so ist wie es ist. Das heißt nicht, dass ich mich mit allem abfinden muss. Wenn ich mich darüber aufregen möchte und ich meine, dass es sein muss, bin ich hinterher nicht mehr so streng mit mir, mein Ideal versäumt zu haben. Immer öfter darf daher auch ich sein wie ich bin. Der beste Umgang mit Widerstand ist, ihn sein zu lassen.

Was ich nicht tun würde, ist, allzu viel Energie in die konkrete Ausgestaltung der Zukunft zu verwenden. Es stimmt absolut, dass Energie der Aufmerksamkeit folgt und immer das in Erscheinung tritt, worauf sich im Moment die meiste Energie richtet. Nicht nur, weil ich viel zu wenig über das Netzwerk weiß, in dem die Energien aller

Betroffenen zusammenwirken, sondern weil das eigene Unbewusste auch in das scheinbar Bekannte hineinragt, unterlasse ich es, Wünsche in der Art nach mehr Geld oder sonst Bestimmtem an das Universum zu richten. Jedes Verbesserungsbestreben basiert nämlich auf der Überzeugung, dass die Gegenwart nicht gut genug ist. Diese Überzeugung ist so selbstverständlich, dass sie unbewusst bleibt, aber die ganze Zeit schon die Gegenwart schafft. Jedes Bemühen, den Zustand zu verändern, verstärkt die Unzufriedenheit noch mehr. Die will zuerst gesehen und als mein Kind gewürdigt werden. Dann wird sie sich nicht mehr als Störenfried betätigen. Und weil ich mich dabei wohler fühle, gewinne ich zunehmend an Vertrauen, dass außerhalb von mir im Unbekannten liebevolle Kräfte walten, die meinem Verstand längst voraus sind.

Ich selbst bekenne mich nach deutlich erlebten Widerständen in der Zwischenzeit zur ausdrücklichen Meditation. Darunter verstehe ich, dass ich mir gezielt Zeit dafür einräume, mich mit meinem Innenleben zu beschäftigen. Das ist der einzige Unterschied zu den kurzen Momenten des betrachtenden Innehaltens, die nebenher in das Tagesgeschehen eingebaut werden können. Und Fragen lassen sich ohnedies immer wieder stellen.

Vielleicht erklärt sich hier auch mein Hang zu Kreisen und Dreiecken. Der Kreis ist für mich das Symbol eines kugelförmigen Raumes, den ich in meiner Vorstellung in beliebiger Größe schaffen kann. In mehreren Kreisen lassen sich erforderlichenfalls Inhalte sortieren.

Der erste Kreis ist ein Zeitraum, den ich mir in der Dauer von wenigen Minuten bis zu einer Stunde für eine absichtliche Auszeit von der Umwelt einräume. Dies schafft einen Rahmen von Sicherheit, in den ich mich wie in eine Blase hineinbegeben kann und für den Vorsorge getroffen ist, dass Störungen ausgeschlossen werden können. Es ist ein schützender äußerer Raum, der danach in den Hintergrund treten kann.

Der nächste Raum ist ein innerer. Er entsteht durch meine Bereitschaft, darinnen alles an Gedanken und Gefühlen entstehen zu lassen, was während der Meditation entstehen will. Er ist die Bühne für mein Innenleben, das ich wie von außen betrachte. Was hier in Erscheinung tritt, habe ich, das heißt, dass ich es als mein Gedankenprodukt anerkenne und dass es meine Gefühle sind, die dabei auftauchen. Auch wenn es sich um Unangenehmes oder gar Schmerzhaftes handelt, weiß ich mich zunächst als Ursprung, allerdings mit Einschränkung. Es kann sein, dass sich ein Gedankenkarussel nicht abstellen lässt oder Gefühle und krankheitsbedingte Auswirkungen sehr massiv dominieren. Dann sage ich zwar immer noch, dass ich sie habe, aber in Wirklichkeit haben sie mich. Sie beherrschen mich, weil ich keinen Zugriff auf ihre Ursache habe. Damit muss ich diese außerhalb von mir ins Unbekannte verlegen. Dort entsteht ein neuer Kreis um mich herum, der zwar ebenfalls in mir ist, aber mir klarstellt, in welcher Position ich mich befinde. Es gibt etwas, das sich nicht einfach wegschalten lässt. Die Mechanismen verstecken sich im eigenen Unbekannten. Es liegt nun an mir, mich damit abzufinden oder mich damit auseinanderzusetzen.

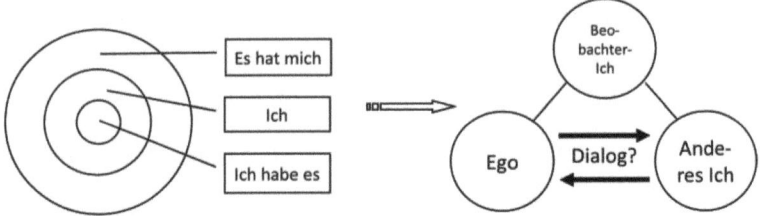

Mir hilft dabei ein Wechsel der Grafik. Ich bleibe immer noch hauptsächlich Beobachter, teile mich aber in mein Ego, das an der Lösung der Situation persönliche Interessen hat, und seinen dominanten Gegenspieler. Die beiden stehen nun in vielleicht unterschiedlicher Größe auf der gleichen Ebene in mir, und von mir hängt es ab, ob ich die Rolle des Opfers beibehalten, mich der Übermacht widersetzen oder mit ihr in ebenbürtige Verhandlungen treten will. Dazu sollte ich wissen, wer ich im Moment bin, ob ich das auch bleiben will und wer ich sein möchte. Denn immer noch gehören alle drei Elemente zu mir selbst, und welches im Vordergrund steht, wähle ich. Ich kann wählen, in einen Dialog zu treten oder überhaupt die Seite zu wechseln, um zu erfahren, wie sich der andere Teil von mir fühlt und was ihm fehlt. Er kann durchaus auch ein Element der Außenwelt repräsentieren. Es läuft immer darauf hinaus, dass er so, wie er ist, gesehen und akzeptiert werden will. Dann entschlüsselt sich für mich auch die Botschaft, die das Geschenk an der Situation ist. Manchmal dauert das ziemlich lange, und meine Ausdauer über vielleicht sogar viele Begegnungen hinweg hängt davon ab, welchen Wert ich mir selbst beimesse.

Was ich hier nur des Prinzips wegen verkürzt darstelle, ist ein Weg der Geduld, der Sanftheit und der Einfühlungsbereitschaft im Umgang mit einem anderen Ich und im Grund immer mit mir selbst. Genau das sind Qualitäten, die sich erst durch bewusstes Anstreben verfeinern lassen, und dazu dient nicht nur die Meditation als bewusstes Einlassen auf mich selbst. Das ganze Leben will nur das. Es gibt kein Buch und keine Methode, die es umgehbar machen, denn jeder Mensch muss seinen Weg für sich finden. Niemand kann es für jemand anderen tun. Nur das, wozu ich mich als Ursprung bekenne, kann ich früher oder später auch ändern. Sonst bleibe ich von vornherein von einem vermeintlich rücksichtslosen Schicksal abhängig, das mir ein hohes, aber ungenutztes Maß an Schöpferkraft eigens für mein Wachstum bereits in die Wiege gelegt hat.

Ausklang

Als ich vor bald dreißig Jahren ein bestimmtes Seminar besuchte, wurde dort so getan, als erhielte ich den Schlüssel zur Lösung aller Probleme. Das stimmte auch, doch im nicht einmal so sehr Kleingedruckten stand, dass ich erst lernen musste, ihn zu handhaben. Er bestand in zwei Sätzen, um die sich das bisher Geschriebene dreht: Erstens, Grenzen sind dort, wo ich sie denke. Zweitens: all mein

Erleben beruht auf der Überzeugung, dass ich es erlebe. Abgesehen davon, dass ich das für einen Zirkelschluss halte oder vielleicht auch, weil ich das tue, komme ich mit meiner Wahrnehmung nicht darüber hinaus. Die Grundlage des Lebens scheint also tatsächlich die Überzeugung zu sein, dass es das ist, als was es jeweils erscheint. Daran kaue ich noch immer, und mit dem Lernen bin ich noch lange nicht fertig. Eine Illusion, die sich so real anfühlt, kann ich nicht ohne Weiteres als solche abhaken.

Darum halte ich es für Wirklichkeit, dass sich meine Lebensqualität durch die bewusste Zuwendung zu mir selbst merklich verbessert hat. Jede Existenz, und sei sie noch so schlecht bewertet, will bemerkt werden; nicht kritisiert, nicht gelobt, nur akzeptiert und respektiert, so wie sie ist. In der Anerkennung jedes Seins wächst dessen Vermögen zur Selbstachtung. Dadurch entwickelt es mehr Bewusstsein, denn sich seiner selbst noch mehr bewusst zu werden ist das Programm, dem alles unterliegt. Es ist ein kontinuierlicher Prozess. Im spiralförmigen Kreisen um den Grund einer unerklärlichen Sehnsucht wird allmählich erkennbar, dass das Gesuchte bereits in jedem Sucher wohnt, und mit jeder Runde kommt er der Erkenntnis näher, dass er mit sich selbst das Göttliche sucht. Von allem Anfang an hat es sich in jedes Sein hineingelegt. Es ist unser aller Erbe, das uns geschenkt ist, aber der Annahme bedarf. Eine Weile scheint es, als wären wir dazu nicht würdig, weil das Geschenk so unermesslich groß und die Liebe dahinter so unerträglich beglückend ist. Unser freier Wille bringt es mit sich, dass wir uns zur Annahme dieses Erbes nur selbst ermächtigen können. Einladung gibt es genug dazu. Das Leben ist ein Spiel des Göttlichen mit sich selbst. Immer dann, wenn wir in dessen Kern angelangt sind und es ausreichend genossen haben, brechen wir von dort in eine neue Runde auf. Dazu müssen wir nicht erst sterben.

Am wenigsten geht es darum, angesichts vermeintlicher Versäumnisse in die Selbstanklage zu verfallen. Im Büßermodus will ich eine Schuld abtragen, die ich mir irgendwann aufgeladen zu haben glaube. Er dient aber niemandem, denn er vermehrt nur das weltweite Leid. Das sogenannte Schicksal macht keine Fehler. Ereignisse, die ich für Fehler halte, führen mich an den Punkt, wo ich sie durchschauen und mich verändern kann. Über kurz oder lang und vor allem im Rückblick begreife ich die kluge Regie, die hinter Widrigkeiten steckt. Sie erlauben mir die Anerkennung dafür, mich irgendwann als reif genug für eine Begegnung mit ihnen empfunden zu haben. In der Eigenverantwortung sehe ich meinen manchmal beschwerlichen Umgang mit Herausforderungen als freiwillig übernommenen Dienst an der Allgemeinheit, indem ich meinen unbewussten Anteil am Massenbewusstsein in mich übernehme und ihn behutsam in mein eigenes Bewusstsein überführe. Was ich für mich lösen kann, ist für alle gelöst. Der Alltag vermittelt mir dazu ausreichend Gelegenheit. Wandel ist ohnedies unaufhaltsam und ich kann die Richtung zu meinem Vorteil mitbestimmen, weil ich in anderen immer nur mir selbst begegne. Mit dem Dienst an anderen diene ich am meisten mir, denn was immer ich tue, tue ich am Ende mir selbst. Die Erinnerung an meine Verbindung mit dem Unerschöpflichen stellt umso mehr Kraft dafür bereit, mich ihm zunehmend zu überlassen.

Das Leben liefert sich selbst die Energie, die durch seinen Wandel entsteht und ihn ermöglicht. Das Universum ist voll von solchen Widersprüchen, denn es ist daraus entstanden. Ich sehe es milde lächeln über meinen Eifer, es zu ergründen. Es wäre nicht vollständig, wenn es nicht für immer ein unlösbares Geheimnis enthielte.

Wir sind ununterbrochen auf dem Weg nach Hause. Unser Zuhause ist dort, wo wir als pures Sein grenzenlos sind. Gott weiß längst, dass das Ende in der Erkenntnis der Einheit all seiner Teile feststeht. Erfahren kann er – um mit Er-Sie-Es nicht zu verwirren - es nur durch uns. Interessiert und liebevoll sieht er zu, welchen Weg wir wählen werden. Er hat ewig Zeit dafür, denn er weiß, was wir noch nicht erfahren haben: wo immer wir hinwollen, wir sind schon dort.

Teil 3

Ein weiteres Wolkenschloss

Hoch droben, höher als alle Berggipfel dieser Welt, thront es wie auf steilem Felsen. Es ist ein Märchenschloss wie viele und dennoch einzigartig; ein wenig abgehoben vielleicht vom herkömmlichen Denken, wie alle Wolkenschlösser, und zugänglich nur dem, der bereit ist, ihm in seinem Inneren einen Raum zu bieten. Dann entfaltet es seine Wirklichkeit.

Es ist ein seltsames Wolkenschloss. Zwar herrscht auch dort ein König, doch er herrscht anders als die meisten Könige bisher. Er dient denen, die ihm untertan sind, gerne, und seine Untertanen dienen ebenso gerne ihm. Das verbindet alle bis hinunter zu jenem Wesen, das in anderen Geschichten als die letzte Küchenmagd bezeichnet wird. Hier weiß jeder, dass sie für die geordneten Abläufe im Schloss unentbehrlich ist und schätzt jeden ihrer Handgriffe.

In diesem Schloss konnte es sich der Wächter am Tor daher leisten, eines Abends, als die Sonne schon hinter dem sehr, sehr fernen Horizont versunken war, schnurstracks bis zum Königssaal zu eilen und dort anzuklopfen. Er brauchte auch nicht lange zu warten, bis er ein freundliches „Herein!" bekam und eintrat. Da saßen der König und einige der Schlossbewohner auf einer gemütlichen, modernen Sitzgruppe weitab von dem leeren, an der Stirnseite des Raumes stehenden Thron und unterhielten sich. Neugierig blickten sie auf, weil es nicht alltäglich war, dass der Torwächter um diese Zeit, wo alle schon ihren Feierabend genossen, noch tätig war und überdies ein wenig irritiert wirkte. Zwei Erdenwesen stünden draußen vor dem schon verschlossenen Tor, anscheinend ein Mann und eine Frau, und sie würden sehr darum bitten, eingelassen zu werden, berichtete er.

„Erdenwesen?", wunderte sich der König. „Sehr ungewöhnlich. Die haben doch sonst an uns kein Interesse. Also lass sie herein."

Der Wächter ging und kam nach einer Weile wieder. Ihm folgten ein Mann und eine Frau in der typischen Tracht der gegenwärtigen irdischen westlichen Welt: Pullover, Jeans und Sportschuhe. Darin unterschieden sie sich von der an die Renaissance erinnernden Kleidung der Schlossbewohner. Auch schienen sie keine Ahnung zu haben, wie sich einem König zu nähern ist, aber das forderte hier ohnedies niemand ein.

„Ihr seid unsere letzte Hoffnung", platzte die Frau heraus, kaum dass der König fragend die Ankömmlinge ansah, „wir haben Sorgen!"

„Vor allem ich habe Sorgen", korrigierte sie der Mann, „du wärst doch ohnedies die Gelassenheit in Person, wenn du dich nicht um meine Sorgen kümmern würdest!"

„Weil ich noch weiß, was du schon vergessen hast!" widersprach die Frau. Sie schienen sich gezankt zu haben und verfielen sofort wieder in ihren Disput.

„So funktioniert das nicht", mahnte der König, „wer soll euch helfen können, wenn ihr nicht erklärt, worum es geht?"

Der Mann war diesmal schneller. „Ich habe Angst, mich zu vergessen!" brachte er es für sich auf den Punkt.

Dem König und auch den anderen war das zu wenig. „Wie, bist du bloß wütend? Da droht man ja geradezu damit, dass man sich vergessen könnte. Und außerdem, steht hier nicht herum. Im Sitzen sind wir auf Augenhöhe."

Eine Frau rückte auf ihrem Sofa etwas zur Seite und das Paar nahm darauf Platz.

„Nein", kam der Mann auf seine Antwort zurück, „es ist viel ernsthafter. Ich habe schon so vieles vergessen, und nun habe ich Angst davor, auch noch zu vergessen, wer ich bin. Was bleibt dann noch, wenn ich das auch nicht mehr weiß?"

„Hmm", machte nun der König und war noch immer nicht schlauer, aber die Frau, die zur Seite gerückt und dem bisherigen Gespräch sehr interessiert gefolgt war, schien zu verstehen. Ihre strengen Augenbrauen waren scharfe Striche, die Lippen wie auch die Augenhöhlen schwarz geschminkt, das Gesicht von langen, pechschwarzen Haaren umrahmt und um die Schultern trug sie einen schwarzen Umhang. Auf dem goldenen Medaillon, das sie an einer Kette um den Hals trug, stand die Zahl 13. Wie sie aussah, war sie die 13. Fee aus dem Märchen Dornröschen.

„Wer glaubst du denn, wer du bist?" fragte sie und hatte dabei anscheinend bereits einen Hintergedanken.

Der Mann schien ihn zu erraten. „Oh, damit bringst du mich nicht in Verlegenheit. Ich habe lange darüber nachgedacht. Ich bin ich selbst. Doch was bin ich dann, wenn ich sogar mich selbst vergesse, alles Eigene aufgebe, wie manche es empfehlen, also mich in der Selbstvergessenheit verliere? Es bleibt nichts übrig. Das ist es, was mir Angst macht."

„Wenn es dir wirklich gelingen sollte, dich selbst zu vergessen, wer hätte dann noch Angst?" fragte die Fee.

„Das ist doch mein Problem!", rief der Mann aus. „Was hätte ich davon, frei von Angst zu sein, wenn es mich nicht mehr gäbe? Ich wäre doch nur noch ein Niemand, der das Freisein von Angst nicht mehr begreifen kann!"

„Nein, kein Niemand", gab die Fee sanft zu bedenken, „du wärst einfach nur noch Sein!"

„Was ich ihm auch schon sagte", warf nun die Gefährtin des Mannes von der anderen Seite her ein. „Aber das ist ihm zu wenig."

„Ja", bestätigte der Mann unter lebhaftem Nicken, „ich möchte mehr sein als nur Sein!"

„Kommt mir bekannt vor", ließ sich nun eine Stimme aus dem Halbdunkel des Raumes vernehmen, wo das Licht der Stehlampe kaum noch hinfiel. Die dunkle Gestalt im Fauteuil war bisher nicht aufgefallen. Als sie sich nun auch noch ein wenig aus der entspannten Haltung aufrichtete, wurden zwei kurze Hörner links und rechts an der Stirn sichtbar. „Mir war es zu wenig, der höchste Engel zu sein. Ganz innen drin bin ich es zwar immer noch, doch ich habe zwischendurch eine undankbare Aufgabe zu erledigen. Ich muss den Menschen die Angst vor ihrer eigenen Macht einpflanzen. Dadurch bleiben sie getrennt von der Erlösung im puren Sein, das sie doch so sehr anstreben, und dadurch leiden sie."

Während der Sprecher für die sonstigen Anwesenden wie selbstverständlich in der Runde saß, starrten ihn die beiden Gäste entsetzt an.

Er lachte kurz auf. „Keine Sorge. Ich habe im Moment dienstfrei. Mein Job ist vorerst getan. Allerdings endet er bis auf Weiteres nicht. Ich muss darauf warten, bis auch der letzte Mensch draufkommt, dass es sein Glaube an mich ist, mit dem er mich nährt. Ohne die Angst vor mir, die mir Energie gibt, wäre ich machtlos, aber bis dahin unterliege ich meinem eigenen Werk. Ich kann nicht ins reine Sein zurück, weil ich einerseits die Erklärung für alles Böse, das die Menschen wählen können, bleiben muss, andererseits wird nur in der von mir repräsentierten Dunkelheit das Licht als klares Ziel für sie sichtbar. Man könnte meinen, ich sei zu diesem Schicksal verdammt worden, doch ich habe es freiwillig übernommen. Auch ich konnte wählen. Es macht Spaß, destruktiv zu sein und vernichten zu wollen. Zwischendurch zumindest. Darum probiert auch ihr es immer wieder aus. Zu merken, chancenlos zu sein, weil ich als Gegenpol der Liebe niemals gewinnen kann, ist höllisch. Aber ich versuche es immer wieder. Darum bin ich froh, wenn ich gelegentlich hier vorbeikommen und in gemütlicher Runde ausspannen kann. Hier nimmt mich jeder wie ich bin und stellt mich nicht in Frage. Ihr seht also, wie die Welt aussehen könnte, wenn niemand gegen den anderen ist und ihn einfach sein lässt. In diesem Schloss fühle ich mich verstanden. Wahrscheinlich habt ihr deshalb hergefunden, weil ihr das auch wollt."

Der Mann und die Frau blickten einander ratlos an. Das Unbehagen stand ihnen ins Gesicht geschrieben.

„Eigentlich… eigentlich ja", stotterte der Mann, „aber…"

„Aber wir wollten zum Licht, ein ganzes Leben lang," ergänzte die Frau, „und wir dachten, hier eine entscheidende Antwort zu bekommen. Doch ausgerechnet hier haben wir mit… mit so etwas nicht gerechnet…"

„Sprecht es ruhig aus", sagte die dunkle Gestalt gelassen und lehnte sich wieder gemütlich in ihrem Fauteuil zurück, „ja, ich bin nun einmal der Teufel. Normalerweise bin ich es, der euch jede Wahl abspenstig macht und euch ausweglos ins Verderben schickt. Das macht die Angst vor dem Vergessen berechtigt. Vor langer Zeit war das Vergessen der Anfang des Schöpfungsweges. Das war noch vor meiner Zeit. Es ermöglicht euch wie mir heute noch, sich nur als Teil des Ganzen zu erfahren. Auch ich weiß nicht mehr alles. Ich weiß nur, dass ich wählen konnte, und das könnt auch ihr – falls ihr es nicht vergessen habt."

„Nein, nein," beeilte sich die Frau zu versichern. Nach einem raschen Seitenblick auf den Mann, bei dem sie sich kurz zunickten, wandte sie sich an den König: „Dann würden wir wohl gerne wieder gehen…"

Der König lächelte verständnisvoll und erhob sich. „Ihr wählt, wie auch wir wählen. Das macht uns gleich. Lebt wohl und danke für die hohe Meinung, die ihr von diesem Schloss hattet, auch wenn wir eure Ansprüche nicht ganz erfüllen können."

Die beiden hatten es eilig, den Königssaal zu verlassen. Hastig folgten sie dem Torwächter, der sie nicht schnell genug hinausbegleiteten konnte.

Ein sehr alter Mann mit langem Silberhaar und einem weißen Bart, der Gandalf aus „Der Herr der Ringe" sein hätte können, war neben ein paar weiteren Anwesenden bloßer Beobachter geblieben. „Typische Kinder von Adam und Eva", stellte er fest, nachdem er hörbar einen tiefen Atemzug genommen hatte. „Die Sache mit dem Baum der Erkenntnis im Paradies und seinen verbotenen Früchten sitzt ihnen noch immer in den Knochen. Sie wollten nicht schon wieder den Fehler machen, dem Teufel aufzusitzen."

„Obwohl das keinem Menschen erspart bleibt", wandte der Teufel aus seiner hinteren Ecke heraus ein. „Schließlich habe ich Millionen Gesichter. Schon als Schlange war ich in der alten Geschichte durchtrieben und bösartig genug, um ein ewiges Denkmal gebaut zu bekommen. Ein Verbot ist der beste Anreiz, es übertreten zu wollen. Nur wer es getan hat, weiß, wie es sich anfühlt. Vorher gibt es keine Erkenntnis. Es ist ein teuflisches Dilemma." Er kicherte selbstgefällig. „Was hinter der Grenze ist, erfährt nur, wer sie überschreitet. Und genau da stehe ich als Angst. Darum kommt an mir niemand vorbei, der wirklich mehr von sich erfahren will."

„Kein Wunder, dass dich die Menschheit deshalb als Teufel bezeichnet. Immerhin stehst du ja an jeder Schwelle. Die beiden vorhin hätten nur genauer hinsehen müssen, um draufzukommen, dass es ihre eigene Angst ist, die ihnen im Weg steht und es wahrscheinlich immer noch tut", sagte der Alte.

„Wobei ich bis jetzt nicht ganz begriffen habe, was eigentlich ihr Problem war", gestand nun der König.

Sie fingen an, zu diskutieren; alle, die schon bisher gesprochen hatten und auch noch einige weitere, wahrscheinlich sogar einige der restlichen zwölf Feen. Es ginge um den Urkonflikt, an der Himmelstür alles bisher Erworbene abgeben zu müssen, um keine irdischen Vorstellungen davon in ihn hineinzutragen, und dagegen wehre sich das Ego, meinten die einen. Die 13. Fee verwies darauf, wie selbstverständlich das bloße Sein, das dann immer noch bliebe, der Frau anscheinend zugänglich gewesen sei und sie es nur nicht geschafft habe, es dem Mann verständlich zu machen. Dem hielt jemand entgegen, dass die Frau dem Irrtum unterlegen sei, für jemanden eine Erfahrung vorwegnehmen zu können, die jeder selbst machen müsse. Einig waren sich alle, dass jeder seinen Weg für sich selbst zu finden und er dazu bereits ein Stück göttlicher Allmacht geschenkt bekommen habe, mit dem ihm das auch gelingen könne. Für manche erscheine jedoch dieses Geschenk so gewaltig, dass sie sich nicht für würdig dafür erachteten und ihre Schöpfergabe statt für die befürchtete Übergriffigkeit dazu missbräuchten, sich für klein und bedeutungslos zu halten. Auch das sei eine notwendige Erfahrung, wurde eingewendet, und die Ursache von allem sei der Wille, der sich mit nichts Erreichtem zufriedengäbe und auch vor den dunkelsten Abgründen nicht zurückschrecke, nur um sie auszuloten. Die Freiheit bringe es mit sich, keine endgültigen Richtlinien serviert zu bekommen, sondern stets zwischen einem persönlichen Richtig und Falsch wählen zu müssen. Das sei die Situation des Mannes gewesen, sich zwischen dem Beibehalten dessen, was er als sein Selbst verstanden habe, und den unkalkulierbaren Folgen einer völligen Preisgabe seiner bisherigen Existenz entscheiden zu müssen. Dieser letzte Schritt käme dem Tod gleich, und ohne einen Gnadenakt der drüberen Seite sei er nicht zu schaffen.

Schließlich gähnte der König ganz unverhohlen und meinte, dass die Sache an diesem Abend wohl nicht mehr ausdiskutiert werden könne. Er würde jetzt schlafen gehen. Dem schlossen sich über kurz oder lang alle anderen bis auf einen, der schon wieder anderweitig zu tun hatte, an und gingen ebenfalls zu Bett.

Dort fiel jede und jeder Einzelne allmählich in den Schlaf. Der Geist versank ganz selbstverständlich und vertrauensvoll in ein Sein, in dem er nicht mehr wusste, dass er war. Indem er am Morgen erwachte, gebar ihn dieses Sein als die Große Mutter als das vertraute Ich in jeder und jedem wieder, und obwohl sie den ganzen Abend philosophiert und sich über die Magie des Lebens ausgetauscht hatten, verlor niemand im Schloss einen Gedanken darüber, dass sich allein in dieser Nacht auf der ganzen Welt milliardenfach ein alltägliches Wunder wiederholt hatte. Es ist das Wunder der Schöpfung, die sich in jedem Zyklus neuerlich inszeniert, und ob es sich um Sekunden, Tage, Monate, Jahreszeiten, Jahre, Menschenleben oder Zeitalter handelt, macht keinen großen Unterschied. Im Tanz des Geistes mit dem Sein entstehen beide in jedem Wesen ununterbrochen von neuem und bleiben doch einzigartiger Teil des ewig Gleichen.

Da macht es auch kaum einen Unterschied, dass du und ich indessen auf der Erde, fern von den darüber angesiedelten Wolkenschlössern, wohnen. Doch schneller noch als die Lichtgeschwindigkeit können wir dorthin reisen, und die Besonderheit an jedem besteht darin, dass es unser eigenes Wolkenschloss ist. Wir können es immer dann bauen, wenn wir uns Zeit und Raum dafür schenken. Überraschungen lassen sich auch dort nicht ganz ausschließen. Was sich vielleicht als Drache oder gar Teufel zeigt, hat im Alltag bloß ein anderes Gesicht. Vielleicht laufen wir erschrocken davon, aber ebenso könnte sein, dass das Thema, das wir dort hinterlassen, von anderen Wesen aufgegriffen und für uns aufbereitet wird. Ob wir es dann annehmen, müssen wir ohnedies wieder selbst entscheiden. Aber vielleicht lässt sich dadurch neuerlich, nur schneller begreifen, dass wir oben wie unten nur uns selbst in unseren eigenen Gedanken begegnen.

Gott

Im raumlos Unendlichen
ruhe ich jenseits der Stille,
und im ewigen Jetzt
ist auch das Kleinste vollendet.
Ich spreche durch Schweigen
und wirke durch Nicht-Tun.
Es ist meine Schöpfung, die für mich handelt.
Der zeitlose Strom nicht endenden Neubeginns
gebiert aus sich selbst die Erfahrung
einzigartigen Seins in der Einheit,
die ich sein könnte, wenn ich wäre.
Denn nur im Nichts ist auch alles,
und alles ist das Geschenk meiner Liebe.
Wer sie wirklich kennt, kennt auch mich.

Inhaltsverzeichnis